Friskfanget

Små fiskefinesser

af Christian Bind

med billeder af

Hans-Ruprecht Leiß

Fangfrisch

Kleine Fischfinessen

von Christian Bind

mit Bildern

von Hans-Ruprecht Leiß

Danksagung

Für die großzügige Unterstützung dieses Buchprojektes danken wir

der Sparkasse Schleswig-Flensburg,

der Silbermanufaktur Robbe & Berking,

der Firma Otto Duburg GmbH & Co KG,

dem Druckzentrum Harry Jung

und dem Schleswig-Holsteinischen Zeitungsverlag als Medienpartner

sowie allen Beteiligten, die mit Herz und Seele und Rat und Tat

diesem Fischzug zur Seite standen.

Impressum

Christian Bind
Hans-Ruprecht Leiß
Friskfanget
Fangfrisch

Vertrieb:
Pictus Verlag
Altendorfer Straße 21 - 25875 Halebüll
www.galerie-lueth.de

Buchgestaltung: Horst Bartels
Deutsche Texte: Maren Clausen
Dänische Texte: Anke Dethlefsen-Schulze
Fotos: Kai Falck, Gerd Remmer
Porträts: Günter Grätsch

Druck: Harry Jung, Flensburg
1. Auflage 2002

ISBN: 3-927212-42-3

Advarsel

Jeg kan kun advare mod denne bog.Hvilken dresseret hobbykok vil forsöge sig med en hummerfond af Christian Bind, hvis han læser i opskriften, at der er brug for to liter pighvarfond? Materialet er svært at skaffe og selve fremstillingen varer i timevis!For ikke at tale om en Demi Glace, hvor der skal investeres cirka 20 (!) timers kogetid og kilovis af ben og gröntsager, for at opnå saucens mål. Slet ikke at tale om en hel menu og dens besvær...

Udfordringen er endnu större, hvis en overfladisk billedkonsument er på jagt efter farveblyantstegninger, gouacher og raderinger af Hans Ruprecht Leiß.Gådefulde historier om vandvæsner svömmer rundt omkring öjet, vil fortolkes og forstås, unddrager sig dog samtidig enhver entydighed.

Kort og godt: denne bog er tung kost- i hvert fald for fastfood-konsumenterne.

For dem, som forstår at nyde slowfood, er det en sanselig lekture.Ingen efterlingnings- kogebog á la Dr. Oetker, ikke et hvert som helst billedbind, nej, her er tale om en kompleks kunstnydelse. Det drejer sig om mesterskab i kökken og atelier.

Madlavningens kunst er bare ikke mulig med en ringe indsats. Dygtighed ved komfur og tegnebord har også noget med håndværk at göre, med kærligheden til objektet og en betydelig ödselhed, som skal udföres, for at kunne servere försteklasses mad.

Med den danske gourmetkok Christian Bind, som er uddannet i Frankrig, og den solidt skolede nordfrisiske billedkunstner Hans Ruprecht Leiß mödtes to passionerede snörefiskere og æsteter, som udveksler deres inspirationer omkring emnet fisk. De förer hinanden gensidigt ind i deres kunstriger, viser deres skatte, som er resultatet af viden, virtuositet og lethed. Grundlaget, hvormed de igen og igen frembringer noget nyt og overraskende fra deres genre.

På den måde er der opstået en bog om kunsten ved at celebrere nydelse: for öjnene, ganen og hele intellektet.

En yppig bog fyldt med udfordringer til dem, som vil afpröve eller interpretere. Et kunstværk, mystisk og fyldt med humor, en bog med præcise opskrifter, som formidler grundlagene i madlavningens store kunst – og et helt nyt syn på fiskenes verden.

Michael Stitz

Eine Warnung

Ich kann vor diesem Buch nur warnen. Denn welcher auf Schnellgerichte getrimmte Heimkoch wird einen Hummerfond von Christian Bind versuchen, wenn er im Rezept liest, dass dazu zwei Liter Steinbuttfond erforderlich sind, für den man wiederum Stunden und schwer zu beschaffendes Material braucht, um ihn herzustellen? Wer wird gar eine Demi Glace produzieren, für die rund 20 (!) Stunden Kochzeit und kiloweise Knochen und Gemüse investiert werden müssen, um das Saucenziel zu erreichen? Von einem ganzen Menü und seinen Mühen wollen wir erst gar nicht reden...

Noch herausfordernder ist es, wenn der oberflächliche Bildvertilger den detailversessenen Farbstiftzeichnungen, Gouachen und Radierungen von Hans-Ruprecht Leiß nachspüren will. Rätselhafte Geschichten von Wasserwesen umschwimmen das Auge, wollen gedeutet und verstanden werden und entziehen sich doch zugleich jeder Eindeutigkeit.

Kurzum: dieses Buch ist schwere Kost – jedenfalls für die Fast-Food-Konsumenten.

Für die Slow-Food-Genießer ist es eine sinnliche Lektüre! Kein Nachkochbuch à la Dr.Oetker, kein beliebiger Bildband, nein, ein komplexer Kunstgenuss liegt hier vor. Denn es geht um Meisterschaft in Küche und Atelier.

Koch-Kunst ist eben nicht mit möglichst geringem Aufwand zu haben. Könnerschaft an Herd und Zeichentisch hat auch etwas mit Handwerk zu tun, mit der Liebe zum Objekt, dem beträchtlichen Aufwand, der betrieben werden muss, um Erstklassiges servieren zu können.

Mit dem in Frankreich ausgebildeten dänischen Gourmetkoch Christian Bind und dem solide geschulten nordfriesischen Bilderfinder Hans-Ruprecht Leiß haben sich zwei leidenschaftliche Angler und Ästheten getroffen, die ihre Inspirationen zum Thema Fisch austauschen. Sie führen sich gegenseitig in ihre Kunst-Reiche, zeigen ihre Schätze, die Ergebnis aus Kenntnis, Virtuosität und Leichtigkeit sind. Die Grundlage, auf der sie immer wieder etwas Neues und Überraschendes in ihrem Genre hervorbringen.

Entstanden ist so ein Buch über die Kunst, Genüsse zu bereiten: für die Augen, den Gaumen und den Intellekt.

Ein üppiges Buch voller Herausforderungen an die Nachkocher und Interpreten. Ein hintergründig-humorvoller Kunstband, ein präzises Rezeptebuch, mit dem man die Grundlagen der großen Kochkunst lernen kann – und einen ganz neuen Blick auf die Welt der Fische bekommt.

Michael Stitz

Indholdsfortegnelse

Inhalt

Indholdsfortegnelse		Inhalt
Ovnbagt torsk med tomatkompot og persillesmør på courgetter samt olivenvinaigrette	8	Gebackener Dorsch mit Tomaten-Kompott, Petersilienbutter auf Zucchini und Olivenvinaigrette
Pighvar med kartoffelskorpe	11	Steinbutt mit Kartoffelkruste und Rotweinsoße
Stegt østers med bacon på spyd	12	Gebratene Austern mit Bacon am Spieß
Torsk i kartoffelskorpe og letrøgede kammuslinger på brandade af klipfisk og artiskok	13	Dorsch in Kartoffelkruste und leicht geräucherte Jakobsmuscheln auf Brandade aus Stockfisch und Artischocken
Blomkåls timbale med nordsøhummer og kørvelskum	14	Blumenkohl Timbale mit Nordseehummer und Kerbelschaum
Suppe af fisk og skaldyr	15	Suppe aus Fisch und Schalentieren
Forel med nordsøhummer, asparges og lavendelskum, dertil beaujolaisfumet	18/19	Gedämpfte Forelle mit Nordseehummer, Spargel und Lavendelschaum – dazu Beaujolaisfumet
Grillerede kammuslinger på safranrisotto og beurre blanc	20	Gegrillte Jakobsmuscheln auf Safranrisotto und Beurre Blanc
Ristet rødfisk på spinat og soja-ingefærfumet	22	Gerösteter Rotbarsch auf Spinat und Soja-Ingwer-Fumet
Grilleret torskeryg med xéresløg i kapers-tomatbouillon og persille	23	Gegrillter Dorschrücken mit Xereszwiebeln in Kapern-Tomaten-Bouillon und Petersilie
Pocheret rødtunge	25	Pochierte Rotzunge
Baconpaneret rødtunge	25	Baconpanierte Rotzunge
Canneloni af hjemmerøget laks	27	Cannelloni aus hausgeräuchertem Lachs
Pighvar a l'oriental	28	Steinbutt á l'oriental
Ragout af jomfruhummer og skorzonerrødder i szechuanpebersauce	31	Ragout aus Kaiserhummer und Szechuanpfeffersoße
Letrøget bækforel med torvesalat og tomatvinaigrette	32	Leicht geräucherte Bachforelle mit gemischten Salaten und Tomatenvinaigrette
Kippersterrine med røget laks og peberrodscreme	34	Bücklingsterrine mit geräuchertem Lachs und Meerrettichcreme
Saltet laks med agurkesalat og dildcreme	37	Gesalzener Lachs mit Gurkensalat und Dillcreme
Lakseescalope med muslingevinaigrette og spinatgratin	39	Lachsschnitzel mit Muschelvinaigrette und Spinatgratin
Fyldt sild med løgkompot og kapersskum	43	Gefüllter Hering mit Zwiebelkompott und Kapernschaum
Muslingesuppe med safran	44	Muschelsuppe mit Safran
Havtasketournedos med sprød kartoffelskorpe og safran-kokossauce	46/47	Seeteufeltournedos mit Kartoffelkruste und Safran-Kokossoße
Ålecrepinette på pomme grand mére og rødvinssauce	48	Aalcrepinetten auf Pomme Grand Mere mit Rotweinsoße
Fynsk fjordreje bisque med stegte asparges	50	Fünische Fördekrabbenbisque mit gebratenen Spargeln
Dampet torsk med jomfruhummerragout og anisbouillon	53	Gedämpfter Dorsch mit Kaiserhummer und Anisbouillon
Consomme af sort hummer med crouton af koral	54	Consommé aus schwarzen Hummern mit Croûtons aus Corail
Krydderurte ristet knurhane med ratatouille og tomatessens	56/57	Kräutergespickter Knurrhahn mit Ratatouille und Tomatenessenz
Røget tunsandwich med æble	59	Geräuchertes Thunfisch-Sandwich mit Apfel
Tuncarpaccio med tomatkompot	60	Thunfisch-Carpaccio mit Tomatenkompott
Ristet tun med wasabi	63	Gerösteter Thunfisch mit Wasabi
Rødvinssauce	66/67	Rotweinsoße
Beurre Blanc	66/67	Beurre Blanc
Hummerfond	66/67	Hummerfond
Brun pighvarfond	68	Brauner Steinbuttfond
Pighvarfond	68	Steinbuttfond
Demi Glace	69	Demi Glace
Fiskesouffléfars	69	Fischsouffléhack
Et lille køkkenleksikon	71	Kleines Küchenlexikon
Vita Christan Bind	72	Vita Christan Bind
Vita Hans-Ruprecht Leiß	73	Vita Hans-Ruprecht Leiß
Om det at fiske	76	Über das Fischen

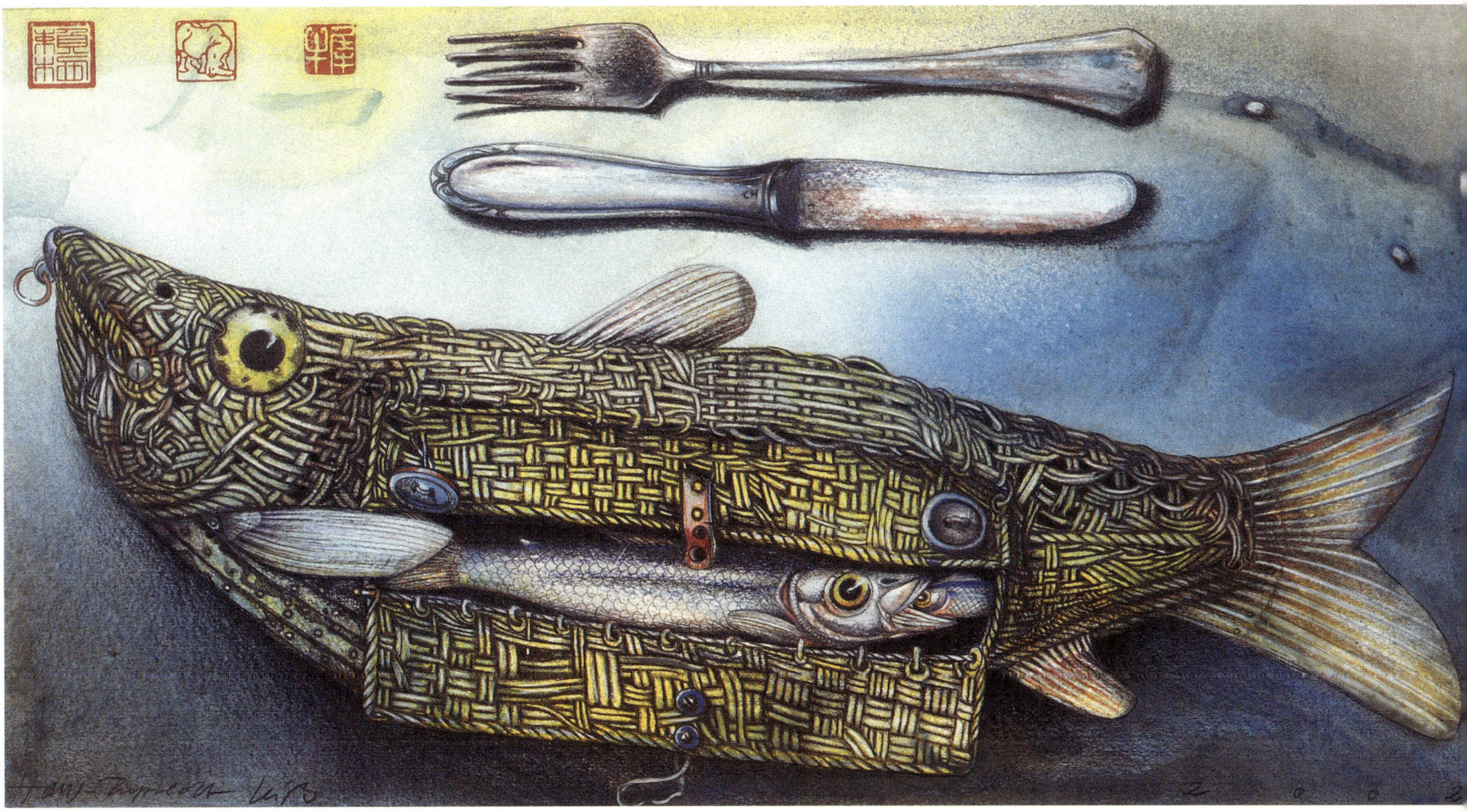

Ovnbagt torsk med tomatkompot og persillesmør samt olivenvinaigrette

10 personer

1 torsk á 2 kg
10 solmodne tomater
3 finthakkede skalotteløg
1 fed finthakket hvidløg
1 dl olivenolie
3 spsk rasp
1 pk.smør
2 bdt. persille
Saft af 1/2 citron
4 små courgetter
40 små sorte oliven
1 spsk hakket persille
2 dl god olivenolie
1/2 dl balsamico eddike

Torsken
Skær torsken ud i 2 fileter og fjern alle ben. Skær skindet væk og del hver filet i 5 stykker.

Tomatkompot
Blancher tomaterne og kom dem i isvand, tag dem op og fjern huden, del dem i 4 og fjern kernerne. Hak tomatkødet groft. Varm en pande godt op med olivenolie og tomat og sauter det godt af. Sæt varmen middel og kog tomatkompotten tyk. Lad den afkøle og smag til med salt og peber.

Persillesmør
Hak persillen fint og rør den op med blødt smør, rasp og citronsaft til en ens masse. Smag til med salt og peber. Kom den i en tom Kærgårdenpakke og sæt den i køleskabet.

Torsken færdiggøres
Kom 1 spsk tomatkompot på hvert stykke torsk og fordel den. Tag persillesmørret ud af pakken, skær en 3-4 mm tynd skive og læg den over. Stil stykkerne på en smurt bageplade og bag dem i en 180 grader varm ovn i ca. 10 min.

Courgetterne
Skær courgettern i 5 x 5 mm tern, steg dem i hed olivenolie i ca. 2-3 min. og smag dem til med salt og peber.

Olivenvinaigrette
Befri oliverne for deres kerner. Hak dem groft og bland dem med hakket persille, olivenolie og balsamico.Smag til med salt og peber.

Anretning
Læg courgettetern i midten af tallerknen, kom torsken oven på og vinaigretten udenom.

Gebackener Dorsch mit Tomatenkompott, Petersilienbutter auf Zucchini und Olivenvinaigrette

für 10 Personen

Zutaten
1 Dorsch von 2,5 kg
10 sonnengereifte Tomaten
2 fein gehackte Schalottenzwiebeln
1 fein gehackte Knoblauchzehe
1 dl Olivenöl
3 Essl. Paniermehl
1 Paket Butter
1 Bund Petersilie
Saft von einer Zitrone
4 kleine Zucchini
40 kleine schwarze Oliven
1 Essl. gehackte Petersilie
2 dl gutes Olivenöl
1/2 dl Balsamicoessig

Zubereitung
1. Den Dorsch in vier Filets aufschneiden und alle Gräten entfernen.
2. Die Tomaten blanchieren und in Eiswasser tauchen, herausnehmen und die Haut entfernen. Dann vierteln, die Kerne entfernen und die Tomatenstücke grob hacken. Eine Pfanne mit Olivenöl erhitzen und fein gehackte Tomaten und Schalottenzwiebeln gut durchsautieren. Die Hitze auf mittlere Stufe reduzieren und die Masse durch Kochen zu Kompott verdicken lassen. Abkühlen lassen und mit Salz und Pfeffer abschmecken.
3. Die Petersilie fein hacken und mit Butter, Paniermehl und Zitronensaft zu einer Masse verrühren und mit Salz und Pfeffer abschmecken. In eine entsprechend große Vorratsdose (Plastik) abfüllen und in den Kühlschrank stellen.
4. Auf jedes Stück Dorsch einen Esslöffel Tomatenkompott geben und auf den Dorschfilets gleichmäßig verteilen. Die Petersilienbutter aus der Vorratsdose entnehmen, in ca. 3-4 mm dünne Scheiben schneiden und auf die Dorschfilets geben.
5. Den Backofen auf 180° erhitzen, ein Backblech fetten, die Stücke darauf legen und ca. 10 min. backen.
6. Die Zucchini in 5 mal 5 mm Größe würfeln, in heißem Olivenöl ca. 2-3 min braten und mit Salz und Pfeffer würzen.

Olivenvinaigrette
Olivenkerne entfernen, das Olivenfleisch grob hacken, mit Petersilie, Olivenöl und Balsamicoessig mischen und mit Salz und Pfeffer abschmecken.

Anrichten
Ob auf einzelne Teller oder auf der Platte angerichtet, es empfiehlt sich: Die Zucchini in die Mitte, den Dorsch darauf legen und die Vinaigrette außen herum.

Vin – Wein
Soave Pieropan, 2001, Veneto

Pighvar med kartoffelskorpe og rødvinssauce

6 personer

1 stk. pighvar (ca. 1 kg)
2 bagekartofler
200 g afklaret smør
Salt og peber

Fileter pighvaren og fjern skindet. Skær pighvaren i 6 pæne stykker og læg dem på en tallerken med skindsiden nedad.
Skræl kartoflerne og skær dem i tynde strimler på mandolinjernet. Kog dem derefter blødt i det afklarede smør. Hæld kartoflerne op i en sigte når de er færdige og smag dem til med salt og peber.
Fordel nu de afkølede kartofler på pighvarstykkerne og hæld en spsk smör over kartoffelskorpen.Pighvaren er nu klar til at blive stegt på panden med kartoffelsiden nederst. Steg den, til den er helt sprød.

Rødvinssauce
Ben fra en kylling
Ben fra en lille pighvar
1/2 l rødvin
1/2 l portvin
3 fed hvidløg
2 tomater
50 g selleri
1 løg
1 gulerod
1 stjerneanis
5 peberkorn
Timian
1/2 l demi glace (se bilag)
1 l fiskefond

Brun benene fra kyllingen og pighvaren i bageovn ved 200 grader. Skræl løg, selleri, hvidløg og gulerod. Skær alt groft i fjerde dele. Kom rødvin og portvin i en gryde og lad det koge op. Kom alle ingredienser i, bortset fra fiskefond, demi glace og de brunede ben. Kom det i, når vinen næsten er kogt væk. Lad det trække i 25 min. Hæld saucen op i en meget fin sigte og kog den så til konsistens. Monter med koldt smør og smag til med salt og peber.

Anretning
Kom lidt spinat eller dampet løg på tallerknen, læg pighvaren oven på og hæld saucen over.

Vin – Wein
Alsace Pinot Noir, Reyst-Jost, 2000, Elsass

Steinbutt mit Kartoffelkruste und Rotweinsoße

für 6 Personen

Zutaten

1 Stück Steinbutt (ca. 1 kg)
2 Ofenkartoffeln
200 g geschmolzene, geklärte Butter, Salz und Pfeffer

Zubereiten
1. Den Steinbutt filetieren und die Haut entfernen, in 6 Stücke schneiden und mit der Hautseite nach unten je auf einen Teller legen.
2. Die Kartoffeln schälen und auf der Reibe in dünne Streifen schneiden. Dann in der geklärten Butter mürbe kochen, danach in ein Sieb geben und mit Salz und Pfeffer abschmecken.
3. Die abgekühlten Kartoffeln auf die Steinbuttstücke verteilen und mit einem Esslöffel Butter übergießen, gut drücken. Eine Stunde im Kühlschrank kühlen.
4. Der Steinbutt ist jetzt zum Braten in der Pfanne vorbereitet. Die Steinbuttstücke mit der Kartoffelseite nach unten so lange braten, bis sie ganz kross sind.

Rotweinsoße

Zutaten
1 Hühnchengerippe
1 kleines Steinbuttgerippe
1/2 l Rotwein
1/2 l Portwein
3 Knoblauchzehen
2 Tomaten
50 g Sellerie
1 Zwiebel
1 Möhre
1 Sternanis
5 Pfefferkörner
Thymian
1/2 l Demi-Glace (s. Anhang)
1 l Fischfond (s. Anhang)

Zubereitung
1. Das Hühnchen- und Steinbuttgerippe im Backofen bei 200° gut durchbräunen.
2. Die Zwiebel, Sellerie, Knoblauch und Möhre schälen und in grobe Viertel schneiden.
3. Den Rot- und Portwein aufsetzen und aufkochen.
4. Alle Zutaten (bis auf den Fischfond, Demi-Glace und die gebräunten Gerippe) hinzufügen.
5. Den Wein fast verkochen lassen, dann den Fond, die Knochen und Gräten hineingeben.
6. Das Ganze 25 min ziehen lassen.
7. Zum Schluss die Soße durch ein sehr feines Sieb seien und zur passenden Konsistenz einkochen.
8. Mit kalter Butter verrühren und mit Salz und Pfeffer abschmecken.

Anrichten
Zum Beispiel als Beilage entweder Spinat oder gedämpften Lauch. Dieses auf einem Teller anrichten und den Steinbutt darauf legen. Die Soße zum Schluss darüber gießen.

Stegt østers med bacon på spyd

4 personer

16 store østers
16 fine baconskiver
150 g frisk spinat
75 g smør
1 flået tomat i små tern
Lidt kørvel til pynt
1/4 citron

Tag østersene ud af skallen og pocher dem i 10 sek. i østersvand, dryp dem af og gem vandet til saucen. Blancher baconskiverne. Rul hver østers i en skive bacon og gør den fast på et træspyd, 4 stk. per person.
Vask spinaten omhyggeligt, steg den i lidt smør med salt, peber, muskat og fordel den på
4 tallerkner. Steg østersspydene meget kort på en varm pande medt lidt olie og læg dem på spinaten. Kog østerssaften lidt ned, monter den med smør og smag den til med citronsaft.Tilsæt til sidst tomaten.

Anretning
Læg østersspydene på spinaten. Hæld saucen på eller server den ekstra i en skål.
Pynt med kørvel.

Gebratene Austern mit Bacon am Spieß

für 4 Personen

Zutaten
16 große Austern
16 feine Scheiben Bacon
150 g frischen Spinat
1 Tomate (entkernt) in kleinen Würfeln
75 g Butter
Kerbel als Dekoration
1/4 Zitrone

Zubereitung
1. Die Austern aus der Schale trennen und in etwas Austernwasser 10 Sekunden pochieren.
2. Die Austern abtropfen lassen und das Wasser für die Soße aufbewahren.
3. Die Baconscheiben blanchieren.
4. Jede Auster in eine Scheibe Bacon rollen und auf einen Holzspieß feststecken.
5. Den Spinat gründlich waschen, in etwas Butter mit Salz, Pfeffer und Muskat braten und auf 4 Teller verteilen.
6. Die Austernspieße ganz kurz in einer warmen Pfanne braten.
7. Das Austernwasser etwas herunterkochen, Butter hinzufügen, mit Zitronensaft abschmecken und zum Schluss die Tomatenwürfelchen hinzugeben.

Anrichten
Auf den zuvor platzierten Spinat wird der Austernspieß gelegt. Die Soße nach Belieben hinzugeben oder in einer Schale extra servieren. Mit dem Kerbel dekorieren.

Vin – Wein
Muscadet Sevre et Maine Sur Lie, Châtau de la Galissonniere, 2001, Loire

Torsk i kartoffelskorpe og letrøgede kammuslinger på brandade af klipfisk og artiskok

10 personer

1 Vesterhavstorsk på ca. 2,5 kg
10 friske kammuslinger
5 store Sava-kartofler
100 g udvandet klipfisk
5 store artiskokker
1/2 l olivenolie
1/2 l piskefløde

Skær torsken i fileter og fjern nervebenene, rens kammuslingerne for rogn og lukkemuskler.
Kom 50 g bøgsmuld i en røghat og sæt den over åben ild. Kom kammuslingerne i, når den røger godt, og røg i 1 min. Fjern røghatten, men kammuslingerne bliver i. Tag dem op efter 5 min. Skræl kartoflerne og riv dem på mandolinjernet, tryk dem fri for væde og kog dem i olivenolie. Smør 10 runde forme med olivenolie og stil dem på et stykke bagepapir.
Læg et 3 mm tyndt lag kartoffelconfit i bunden. Skær torsken i tynde skiver og fordel dem på formene. Skær hver kammusling i 5 skiver og læg dem oven på torsken. Slut af med et lag torsk. Steg derefter det hele i olivenolie på kartoffelsiden i ca. 5-6 min., indtil kartoflerne er godt sprøde. Vend formene og fjern dem.

Brandade af klipfisk og artiskok
Skræl artiskokkerne og kog dem i vand med lidt citron.Blend dem derefter med 1/2 liter fløde.
Hæld dem over i en stor gryde og kom klipfisken i. Kog det til det er en tyk kompot.
Smag til med peber og citronsaft.

Anretning
Anret brandaden i en stor ring på en tallerken, læg derpå kammuslingerne, kom torsken i kartoffelskorpe i midten.
Pynt med friske urter: kørvel, persille, purløg og dild.

Dorsch in Kartoffelkruste und leicht geräucherte Jakobsmuscheln auf Brandade aus Stockfisch und Artischocken

für 10 Personen

Zutaten
Ca. 2,5 kg Nordseedorsch
10 Jakobsmuscheln
5 große Sava-Kartoffeln
100 g gewässerter Stockfisch
5 gr. Artischocken
1/2 l Olivenöl
1/2 l Schlagsahne

Zubereiten
1. Den Dorsch filetieren und das Nervenbein entfernen.
2. Die Jakobsmuscheln waschen und von Schließmuskeln und Rogen befreien.
3. In einen Fischtopf 50g Buchenmulch legen und auf offenes Feuer stellen. Wenn der Mulch zu räuchern beginnt, werden die Jakobsmuscheln hineingelegt und eine Minute geräuchert. Der Mulch wird entfernt, aber die Muscheln bleiben im Topfeinsatz, nach fünf Minuten herausnehmen.
4. Die Kartoffeln schälen und auf einer Reibe zerkleinern, trockentupfen und in Olivenöl gar kochen.
5. 10 runde Formen mit Olivenöl auspinseln und auf ein Stück Backpapier stellen.
6. Den Boden der Formen mit 3mm dünner Lage Kartoffelconfit auslegen.
7. Den Dorsch in dünne Scheiben schneiden und in einer Lage in die Formen geben.
8. Jede Jakobsmuschel in Scheiben schneiden und auf den Dorsch legen.
9. Jetzt abwechselnd Dorsch und Jakobsmuscheln legen und mit einer Lage Dorsch abschließen.
10. Die Formen ca. 5-6 min in Olivenöl braten bis die Kartoffelseite kross ist. Dann wenden und die Formen abnehmen.

Brandade aus Stockfisch und Artischocke

Zubereitung
1. Die Artischocken schälen und in Wasser mit etwas Zitrone kochen.
2. Zusammen mit 1/2 l Schlagsahne im Standmixer vermischen.
3. In einen Topf geben und den gewässerten Stockfisch dazugeben.
4. So lange kochen, bis es ein Kompott ergibt.
5. Mit Pfeffer und Zitronensaft abschmecken.

Anrichten
Auf einem Teller die Brandade ringförmig anrichten. Darauf die Jakobsmuscheln legen. Den Dorsch in Kartoffelkruste in die Mitte legen. Mit frischen Kräutern (Kerbel, Schnittlauch, Petersilie und Dill) dekorieren.

Vin – Wein
Pouilly Fuisse Cave des Grand crus blancs, 2000, Bourgogne

Blomkåls timbale med nordsøhummer og kørvelskum

6 Personen

Blomkåls mousse
150 g blomkål
2 dl piskefløde
11/2 dl pisket fløde
2 blade gelatine
Salt og peber
50 g lakserogn

Hummerfyld
150 g kogt hummer
15 g gulerod
10 g porre
10 g jordskokker
2 blade gelatine
1/2 dl hummerfond

Kørvelskum
1 spsk hakket kørvel
1 dl creme fraiche   > blend det hele
1 dl kærnemælk
Salt og peber

Hummerfyld
Smelt den opblødte gelatine i hummerfond. Skær alle grøntsager i små tern og blancher dem. Skær den kogte hummer i små tern og smag dem til med salt og peber. Blend det hele, rul det i film i en lang pølse og sæt fyldet på køl et par timer.

Blomkålscreme
Blancher blomkålen kort i saltvand. Hæld vandet fra. Tilsæt 2 dl piskefløde og kog det hele blødt. Blend det til sidst til en fin puré. Tilsæt de 2 opblødte blade gelatine. Køl det hele lidt af og smag til med salt og peber. Kom nu 11/2 dl pisket fløde i. Beklæd en terrine med film og blomkålscrem. Læg hummerfyldet i og slut af med resten af cremen. Sæt det på køl et par timer.

Anretning
Læg en skive hummertimbale på tallerknen. Pynt med lakserogn og kørvelskum rund om.
Server evt. med lidt spæd salat.

Blumenkohl-Timbale mit Nordseehummer und Kerbelschaum

für 6 Personen

Zutaten

Blumenkohlmousse
150 g Blumenkohl
2 dl Schlagsahne
1 1/2 dl geschlagene Sahne
2 Blatt Gelatine
Salz und Pfeffer
50 Lachsrogen

Hummerfüllung
150g gekochter Hummer
15 g Möhren
10 g Porree
10 g Erdbirnen
2 Blatt Gelatine
1/2 dl Hummerfond

Kerbelschaum
1 Essl. gehackten Kerbel
1 dl Crème fraîche   > Alle Zutaten mit dem Standmixer vermischen!
1dl Buttermilch
Salz und Pfeffer

Zubereitung

Hummerfüllung
1. Aufgeweichte Gelantine im Hummerfond schmelzen.
2. Alles Gemüse in kleine Würfel schneiden und blanchieren.
3. Gekochten Hummer in kleine Würfel schneiden, mit Salz, Pfeffer würzen.
4. Die ganzen Zutaten im Standmixer vermengen.
5. Dann in Frischhaltefolie zu einer langen Rolle formen und ein paar Stunden kalt stellen.

Blumenkohlcreme
1. Den Blumenkohl kurz in Wasser blanchieren, das Wasser abgießen und 2 dl Schlagsahne hinzugeben, dann gar kochen.
2. Zum Schluss im Standmixer zu einem feinen Püree mixen.
3. Die aufgeweichten Blätter Gelatine hinzufügen und die ganze Masse abkühlen lassen.
4. Mit Salz und Pfeffer abschmecken und 1 1/2 dl geschlagene Sahne unterheben.
5. Eine Terrine mit Frischhaltefolie auslegen. Darauf eine Schicht Blumenkohlcreme verteilen.
6. Die Hummerfüllung hinzugeben und mit dem Rest der Blumenkohlcreme auffüllen.
7. Ein paar Stunden kühlen.

Anrichten
1 Scheibe Hummer-Timbale auf einen Teller legen, mit Lachsrogen dekorieren und den Kerbelschaum rundherum geben. Evtl. mit etwas jungem Salat servieren.

Vin – Wein
Puligny Montrachet 1. cru Les Combettes, Le flaive, 1996, Bourgogne

Suppe af fisk og skaldyr

10 personer

4 stk. rødtungefilet
500 g laksefilet
200 g muslinger
10 jomfruhummer
10 kammuslinger
2 kartofler i små tern
2 gulerødder i små tern
3 hakkede skalotteløg
1 fed hakket hvidløg
2 tomater i concassé (findelt, uden hud og kerner)
1/2 tsk safrantråde
1 l fiskefond
1 dl hakkede krydderurter: timian, persille, kørvel, purløg
2 spsk usaltet smør
1/2 fl. tør hvidvin

Fiskefond
1 kg ben fra pighvar, rødtunge eller anden fladfisk
1/2 fl. vin
2 l vand
1 stk. porre > koges i 10-20 minutter
Persille
1/5 selleri
1 stk. gulerod
10 stk. peberkorn

Kog alle ingredienser i 10 – 20 min. Hæld fonden op i en sigte.

Suppen
Sauter gulerødder, løg, hvidløg og safran i lidt smør i ca. 2-3 min., hæld hvidvin på og reducer til 1/3. Hæld fiskefond i og kog den op, kom kartoffeltern i og kog alt i 10 min.
Si suppen og gem fyldet. Pisk suppen op med smørret, kom fyldet i og smag til med salt og peber. Kom krydderurter og tomater i concassé i. Steg eller damp fisken og skaldyrene efter temperament.

Anretning
Anret fisk og skaldyr i dybe tallerkner og hæld suppen over.

Suppe aus Fisch und Schalentieren

für 10 Personen

Zutaten
4 St. Rotzungenfilets
500 g Lachsfilet
200 g Muscheln
10 Kaiserhummer
10 Jakobsmuscheln
2 Kartoffeln (in kleinen Stücken)
2 Möhren
3 gehackte Schalottenzwiebeln
1 gehackte Knoblauchzehe
2 zerkleinerte, enthäutete Tomaten
1/2 Teel. Safranfäden
1 l Fischfond
1dl gehackte Kräuter: Thymian, Petersilie, Kerbel und Schnittlauch
2 Essl. ungesalzene Butter
1/2 Flasche trockener Weißwein

Fischfond

Zutaten
1 kg Gräten von Steinbutt, Rotzunge oder anderen Plattfischen
1/2 Flasche Wein
2 l Wasser
1 Teel. Porree
1 Teel. Petersilie
1/5 von einer Sellerie
1 Möhre
10 Pfefferkörner

Zubereitung des Fischfonds
Alle Zutaten ca. 10 – 20 min kochen und durch ein Sieb seien.

Zubereitung der Suppe
1. Möhren, Zwiebeln, Knoblauch und Safran ca. 2-3 min in ein wenig Butter sautieren, den Weißwein hinzufügen und auf ein Drittel reduzieren.
2. Den Fischfond dazugeben und die Suppe aufkochen. Die Kartoffelstücke hineingeben und das Ganze 10 min kochen.
3. Die Einlage aus der Suppe nehmen und beiseite stellen. Dann die Suppe durchseien und mit Butter aufschlagen.
4. Zum Schluss die Einlage wieder in die Suppe füllen, mit Salz, Pfeffer und den Kräutern abschmecken. Die Tomaten hinzufügen.

Den Fisch und die Schalentiere je nach Temperament braten oder dämpfen.

Anrichten
Fisch und Schalentiere auf 10 tiefen Tellern anrichten und die Suppe darüber gießen.

Vin – Wein
Sancerre „Le Chene" Lucien Crochet, 2000, Loire

Forel med nordsøhummer, asparges og lavendelskum - dertil beaujolaisfumet

4 personer

2 foreller á 300 g
1 nordsøhummer á 300 g
8 grønne asparges

Lavendelskum
3 finthakkede skalotteløg
2 champignoner
10 lavendelblade
5 lavendelblomster
1 dl tør hvidvin
1/2 dl Noilly Prat
2 dl pighvarfond
2 dl fløde
1/2 dl creme fraiche

Fyld til forel
1 spsk hakket persille
1 spsk kørvel
1 spsk skalotteløg

Beaujolaisfumet
1 l rødvin fra Beaujolais
2 dl portvin
1/2 dl koriander
1 bdt. frisk timian
10 hakkede champignoner
10 hakkede skalotteløg

Blancher skalotteløg, tilsæt persille og kørvel. Fileter og soigner forellerne, lav et lille snit i bugen og fyld dem med de blancherede skalotteløg, persille og kørvel. Kom forellerne derefter i smurte metalforme, således at de to ender mødes. Damp dem derefter i 4-5 min. i fiskekedel. Læg dem i dybe tallerkner og fjern skindet.
Fjern den nederste del af aspargesen og skær den derefter i tynde skiver, indtil 2 cm fra toppen, blancher stykkerne hver for sig og fyld dem i midten af forellen.
Kog hummeren i ca. 5 min. i let saltet vand. Fjern skallen og skær halen i 8 stykker, halver kløerne.
Sauter skalotteløg, champignon og lavendel i smør. Kog det derefter næsten helt ned med Noilly Prat. Hæld fiskefond i og kog den lidt ned, tilsæt så fløde og creme fraiche og kog saucen tyk, blend og si den. Monter med smør og smag til med salt og peber. Kom citronsaft og lavendelblomst i, tilsæt 1 spsk pisket fløde og blend den op, så den skummer.

Beaujolaisfumet
Kog alle ingredienser ind til 1 dl, si og monter det med lidt smør.

Anretning
Anret forellerne i dybe tallerkner med asparges, lavendelskum og 2 skiver hummerhaler samt 1/2 hummerklo. Pynt med kørvel. Træk beaujolaisfumeten rundt i lavendelskummet med en ske.

Vin
Saint Aubin 1.cru Frionnes Hubert Lamy, 2000, Bourgogne

Gedämpfte Forelle mit Nordseehummer, Spargel und Lavendelschaum – dazu Beaujolaisfumet

für 4 Personen

Zutaten

2 Forellen à 300 g
1 Nordseehummer à 300 g
8 grüne Spargel

Lavendelschaum

3 fein gehackte Schalottenzwiebeln
2 Champignons
10 Lavendelblätter und 5 Lavendelblumen
1dl trockener Weißwein
1/2 dl Noilly Prat
2 dl Steinbuttfond
2 dl Sahne
1/2 dl Sahne
1/2 dl Crème fraîche 38 %

Füllung für die Forellen

1 Essl. gehackte Petersilie
1 Essl. gehackten Kerbel
1 Essl. gehackte Schalottenzwiebeln

Beaujolaisfumet

1 l Rotwein aus Beaujolais
2 dl Portwein
1/2 dl Koriander
1 Bund frischen Thymian
10 gehackte Champignons
10 gehackte Schalottenzwiebeln

Zubereitung

Die Forellen

1. Die Füllung der Forellen herstellen.
2. Schalottenzwiebeln blanchieren, Petersilie und Kerbel hinzufügen
3. Die Forelle filetieren (die Haut lassen) und säubern. Einen kleinen Schnitt in den Bauch schneiden und die Forellenfüllung hineingeben
4. Die Forellen so in gefettete Metallformen geben, dass die zwei Enden sich berühren.
5. 4 – 5 min im Fischkessel dämpfen.
6. In tiefe Teller geben und die Haut entfernen.
7. Das Spargelende entfernen und den Spargel danach in dünne Scheibchen schneiden, bis 2 cm vor der Spargelspitze.
8. Die Spargelscheibchen einzeln blanchieren (die Spargelspitzen beiseite legen) und in die Mitte der Forelle füllen.
9. Den Hummer ca. 5 min in leicht gesalzenem Wasser kochen. Die Schale entfernen, den Schwanz in 8 Teile schneiden und die Zangen halbieren.

Die Soße

1. Schalotten, Champignons und Lavendelblätter in Butter sautieren.
2. Danach mit Noilly Prat fast herunterkochen, den Fischfond hinzusetzen und etwas herunterkochen, danach die Sahne und Crème fraîche hinzufügen.
3. Die Soße dickflüssig kochen, mit dem Stabmixer mixen und durch ein Sieb seien.
4. Mit Butter verrühren und mit Salz und Pfeffer abschmecken.
5. Lavendelblume und Zitronensaft beigeben.
6. 1 Essl. geschlagene Sahne unterheben und mit dem Stabmixer aufschäumen lassen.

Beaujolaisfumet:

Alle Zutaten einkochen bis auf 1/2 dl, dann seien und mit etwas Butter verrühren.

Anrichten

Die Forellen in tiefe Teller legen, mit den Spargelspitzen, 2 Hummerschwanzstücken und einer halben Hummerschere umgeben, den Lavendelschaum dazugeben , das Beaujolaisfumet durch den Lavendelschaum ziehen und das ganze mit Kerbel dekorieren.

Wein

Saint Aubin 1.cru Frionnes Hubert Lamy, 2000, Bourgogne

Grillerede kammuslinger på safranrisotto og beurre blanc

10 personer

30 stk. frosne kammuslinger
1 bdt. finthakket timian
2 spsk olivenolie
2 dl risottoris
10 safrantråde
2 spsk smør
100 g reven parmesan
3 dl hønsebouillon
1 dl hvidvin
1 dl hvidvinseddike
1 dl vand
2 finthakkede skalotteløg
1 pk. usaltet smør (koldt og i tern)

Kammuslinger
Tø kammuslingerne op, mariner dem i olivenolie og hakket timian. Steg dem i ca. 2-3 min. i olivenolie ved høj varme.

Risotto
Smelt smørret ved høj varme. Tilsæt ris, når det er bruset op og sauter i ca. 1 min. Kom hvidvin på, kog det op og hæld hønsebouillon og safran i, kog risen nu i ca. 8-9 min., til den er al'dente (sprøde), tilsæt parmesan.

Beurre blanc
Kog vand, eddike og skalotteløg ind, til al væske er væk og pisk det kolde smør ned i løgene, stille og roligt over svag varme. Saucen må ikke koge. Smag til med salt og peber.

Anretning
Læg 3 „klatter" risotto – kl. 12,16 og 20 på hver tallerken.
Læg kammuslingerne kl. 14,18 og 22.
Hæld saucen omkring. Pynt evt. med purløg eller kørvel.

Gegrillte Jakobsmuscheln auf Safranrisotto und Beurre blanc

für 10 Personen

Zutaten
30 gefrorene Jakobsmuscheln
1 Bund Thymian (fein gehackt)
2 Essl. Olivenöl
2 dl. Risottoreis
10 Fäden Safran
100 g geriebenen Parmesan
3 dl Hühnerbouillon
1 dl Weißwein
1dl Weißweinessig
1dl Wasser
2 fein gehackte Schalottenzwiebeln
1 Pak. ungesalzene Butter (kalt und in Würfel geschnitten)

Zubereitung

Jakobsmuscheln
1. Jakobsmuscheln auftauen und mit Olivenöl und gehacktemThymian marinieren.
2. ca. 2-3 min bei großer Hitze braten

Risotto
1. Die Butter bei hoher Hitze schmelzen. Wenn die Butter sprudelt, den Reis hinzufügen und ca. 1 min sautieren.
2. Weißwein hinzugießen und aufkochen.
3. Hühnerbouillon und Safranfäden hineingeben und den Reis nun ca. 8-9 min kochen, bis er al dente (knusprig) ist, dann den Parmesan hinzufügen.

Beurre Blanc
1. Wasser, Essig und Schalottenzwiebeln so lange kochen, bis die Flüssigkeit verkocht ist.
2. Dann die kalte Butter bei geringer Hitze ruhig und besinnlich in die Masse schlagen. Die Soße darf nicht kochen!
3. Mit Salz und Pfeffer abschmecken.

Anrichten
Auf jeden Teller drei „Kleckse" Risotto folgendermaßen platzieren: Auf 12, 16 und 20 Uhr.
Die Jakobsmuscheln auf 14, 18 und 22 Uhr plazieren.
Die Soße drumherum geben.
Evtl. mit Schnittlauch oder Kerbel dekorieren.

Vin – Wein
Rivolo, Jacobo Biondi-Santi, Toscana, 1999, Montalcino

2002

Ristet rødfisk på spinat og soja-ingefærfumet

4 personer

4 afskællede rødfiskfileter
1 kg plukket og rengjort spinat
1/2 dl jordnøddeolie
1 fed hvidløg
Reven muskat

Fumet
1/2 dl soja
1 1/2 dl jordnøddeolie
1/2 dl appelsinsaft
1 cm skrællet ingefær i små tern, blancheret i vand i 3 min.
1/2 dl sukker

Del rødfiskfileterne i 2, så man får 8 ens stykker og salt dem let. Kom dem på en tefalpande med olivenolie og steg dem sprødt på skindsiden
Varm jordnøddeolie op med hvidløgsfeddet, kom spinat på og sauter saucen i ca. 7 min., til spinaten er blød. Smag til med salt, peber og reven muskat. Hæld den derefter over i en sigte og fjern hvidløgsfeddet. Tryk spinaten nu godt fri for væde og arranger den i 8 dybe tallerkner.
Kog alle ingredienser til saucen op. Lad det trække i 15 min. og si det derefter gennem en sigte.

Anretning
Kom den stegte rødfisk oven på spinaten og hæld soja-ingefærfumeten udenom.

Gerösteter Rotbarsch auf Spinat und Soja-Ingwer-Fumet

für 8 Personen

Zutaten
4 abgeschuppte Rotbarschfilets
1 kg gereinigter und klein gepflückter Spinat
1/2 dl Erdnussöl
1 Knoblauchzehe
geriebener Muskat

Fumet
1/2 dl Soja
1 1/2 dl Erdnussbutter
1/2 dl Apfelsinensaft
1 cm geschälten Ingwer in Brunoise > 3 min in Wasser blanchiert
1/2 dl Zucker

Zubereitung
1. Die Rotbarschfilets so aufteilen, dass 8 gleiche Stücke entstehen. Diese leicht salzen und auf der Hautseite in einer Teflonpfanne in Erdnussöl kross braten.
2. Die Erdnussbutter zusammen mit der Knoblauchzehe erwärmen, den Spinat hinzufügen und ca. 7 min sautieren, bis er mürbe ist. Mit Salz, Pfeffer und geriebenem Muskat abschmecken. Danach in ein Sieb geben und die Knoblauchzehe entfernen. Jetzt den Spinat so drücken, dass keine Nässe mehr vorhanden ist. In 8 tiefe Teller arrangieren.
3. Alle Zutaten des Fumets aufkochen, 15 min ziehen lassen und dann durchseien.

Anrichten
Den gebratenen Rotbarsch auf den Spinat legen und das Soja-Ingwer-Fumet außen herumgeben.

Vin – Wein
Tokay Pinot Gris Grand cru Sommerberg, Gerard Weinzorn, 2000, Elsass

Grilleret torskeryg med xéresløg i kapers-tomatbouillon og persille

1 torsk á 2 kg
5 zittauerløg
1 dl olivenolie
1/2-3/4 dl xéres vineddike
1 dl kapers
5 tomater i concassé (findelt,uden hud og kerner)
1 bdt. hakket kruspersille
5 dl kraftig fjærkræsfond

Skær torsken ud, fjern ben og skind og skær hver filet ud i 4 stykker. Pil og flæk løgene og skær dem i tynde skiver. Varm olivenolien op og sauter løgene møre, uden at de tager farve. Kom eddike på. Kog den væk, nu vil løgene være sur-søde. Smag dem til med salt og peber.
Kog fjærkræfonden op, kom persille, kapers og tomater i. Steg torskestykkerne nu sprødt i olivenolie på en tefalpande. Lun løgene.

Anretning
Anret løgene i en dyb tallerken, hæld saucen over. Man har en lækker, velsmagende ret uden brug af smør eller fløde.

Gegrillter Dorschrücken mit Xereszwiebeln in Kapern-Tomaten-Bouillon und Petersilie

für 4 Personen

Zutaten

1 Dorsch von 2 kg
5 Zittauerzwiebeln (klein geschnitten)
1 dl Olivenöl
1/2 - 3/4 dl Xeresweinessig
1 dl Kapern
5 zerkleinerte und entkernte Tomaten
1 Bund gehackte krause Petersilie
5 dl kräftige Hühnerbrühe

Zubereitung

1. Den Dorsch reinigen, Gräten und Haut entfernen und jedes Filet in 4 Stücke aufschneiden.
2. Das Olivenöl erwärmen und die Zwiebeln darin mürbe sautieren, ohne dass sie Farbe annehmen. Den Essig hinzugeben und wegkochen. Die Zwiebeln haben jetzt einen süßsauren Geschmack. Dann mit Salz und Pfeffer abschmecken.
3. Die Hühnerbouillon aufkochen, Petersilie, Kapern und Tomaten hineingeben.
4. Die Dorschstücke in einer Teflonpfanne mit Olivenöl kross braten.
5. Die Zwiebeln erwärmen.

Anrichten
Die Zwiebeln in 4 tiefen Tellern anrichten, jeweils ein Dorschstück darauf legen und mit Soße übergießen.

So hat man ein leckeres, wohlschmeckendes Gericht, ohne Butter oder Sahne zu benutzen.

Vin Woin
Belondrade, y Lurton, Rueda, 1998, Spanien, Rueda

Pocheret rødtunge

4 personer

1 stk. rødtunge á 500-6oo g
80 g jordskokkepuré
Lidt smør
Salt
Hvidvin

Fileter rødtungen i 4 fileter, så der ikke er skind og ben på. Skær en lille lomme i den tykke side af fileten, fyld ikke for meget puré i og luk lommen. Gør en dampkedel klar med hvidvin, og smør en rist. Læg rødtungen på risten og damp den under svag varme i ca. 5-10 min.

Anretning
Server med en risling sauce.

Pochierte Rotzunge

für 4 Personen

Zutaten
1 St. Rotzunge von 500 – 600 g
80 g Erdbirnenpüree (Topinambur)
Salz
Weißwein

Zubereitung
1. Die Rotzunge in vier Filets so filetieren, dass alle Gräten und die Haut entfernt sind.
2. In die dicke Seite der Filets eine kleine Tasche schneiden. Das Püree hineingeben, aber nur so viel, dass sie geschlossen werden kann.
3. In einen Dampfkochtopf Weißwein füllen und ein passendes Grillrost fetten.
4. Die Rotzunge auf den Rost legen und im Dampfkochtopf unter schwacher Hitze ca. 5 – 10 min dämpfen.

Anrichten
Die pochierte Rotzunge wird mit einer Rieslingsoße serviert.

Vin – Wein
Saint Veran, Georges Duboeuf, 2001, Maconnais

Baconpaneret rødtunge

50 g rasp
50 g bacon

Skær bacon i tern og rist dem gyldne i smør, dryp dem af i en sigte. Blend rasp og bacontern helt fint i robotblender og sigt det herefter. Læg den ene side af rødtungen i rasp/baconblandingen og steg den i smør til den er gylden.Vend den om på den anden side, steg kun kort, hvorefter den er færdig.

Anretning
Server med smeltet smør, dampet sommerkål og lidt timian.

Baconpanierte Rotzunge

Zutaten pro Person

Zutaten
50 g Paniermehl
50 g Bacon
Rotzungc
Butter zum Braten

Zubereitung
1. Bacon in Würfel schneiden und in Butter goldgelb rösten, im Sieb abtropfen lassen.
2. Das Paniermehl und den Bacon im Standmixer ganz fein zerkleinern und durch ein Sieb seien.
3. Die Rotzunge auf der einen Seite in die Paniermehl-Baconmasse legen.
4. Den Fisch mit der panierten Seite nach unten in Butter braten, bis sie goldgelb ist, dann nur kurz auf der anderen Seite braten.

Anrichten
Die Rotzunge wird mit geschmolzener Butter und mit gedämpftem Spitzkohl und ein bisschen Thymian serviert.

Vin – Wein
Pouilly Fume En Chailloux, Didier Dagueneau, 1999, Loire

Canneloni af hjemmerøget laks

4 personer

8 tynde skiver røget laks

Laksemousse
1 skefuld hakket dild
1 1/2 dl pisket fløde
1 dl fiskefond > purer det hele let pisket i blender
2 blade gelatine
Salt, peber, tabasco

Dild skum
1 skefuld hakket dild
1 dl creme fraiche > bland det hele
1 dl kærnemælk
Salt, peber

Pynt
Salat-buket, lakserogn, dild

Læg laks lag på lag på et stykke ca. 25 cm lang og 8 cm bredt film.
Lun fiskefonden, tilsæt den blødgjorte husblas og laksepuréen, dernæst salt, peber og tabasco.
Afkøl det hele lidt , tilsæt til sidst den letpiskede fløde. Fordel moussen ud på lakseskiverne og rul det til en lang pølse. Sæt den på køl i et par timer.

Anretning
Skær pølsen ud på skrå. Læg 2 stk. på hver tallerken, pynt med salat og lakserogn. Skum dildsaucen op og fordel den rundt om.

Cannelloni aus hausgeräuchertem Lachs

für 4 Personen

Zutaten
8 dünne Scheiben geräucherten Lachs

Lachsmousse
100 g geräucherten Lachs > im Standmixer pürieren
1 1/2 dl Schlagsahne > leicht geschlagen
1 dl Fischfond
2 Blatt Gelatine
Salz, Pfeffer, Tabasco

Dillschaum
1 Essl gehackten Dill
1 dl Crème fraîche
1 dl Buttermilch
Salz / Pfeffer

Dekoration:
Salat-Bouquet, Lachsrogen und Dill

Zubereitung
1. Den Lachs Scheibe an Scheibe auf ein ca. 25 cm langes und ca. 8 cm breites Stück Frischhaltefolie legen.
2. Lachsmousse
   Den Fischfond erwärmen, die Gelatine kurz in Wasser weichen und dann in den Fischfond geben. Das Lachspüree hineinrühren. Dann mit Salz, Pfeffer und Tabasco abschmecken.
   Die Masse ein wenig abkühlen lassen und zum Schluss die leicht geschlagene Sahne unterheben.
   Jetzt das Lachsmousse auf den ausgelegten Lachsscheiben verteilen und zu einer langen Rolle einschlagen. Die Rolle ein paar Stunden kühl stellen.
   Die Rolle nach der Kühlung schräg abschneiden.
3. Dillschaum
   Alle Zutaten werden vermischt und mit Salz und Pfeffer abgeschmeckt.

Anrichten
2 Stck. Lachscannelloni auf jeden Teller verteilen und mit Salat und Lachsrogen dekorieren. Den Dillschaum kurz aufschäumen und rundherum verteilen.

Pighvar a l'oriental

4 Personer

4 stk. pighvarfilet
40 g smør
Lidt reven tunkanød
Reven skal fra 1/2 lime
Salt
4-8 blade filodej
Æg

Soja-ingefærbouillon
1/2 dl soja
1 dl jordnødeolie
1/2 dl friskpresset appelsinsaft
1/2 tsk knust koriander
1/2 dl god balsamico
1/2 spsk fintskåret ingefær

Bønner
100 g bønner
1 mango
50 g bønnespire
1 skalotteløg
1/2 ingefær
2-3 spsk soja
Lidt jordnøddeolie

Start med at koge ingredienserne til sojabouillonen op. Tag det fra varmen og lad det trække i 2 timer. Rør smør, tunkanød og limeskal sammen og kom det i en sprøjtepose. Skær en lille lomme i pighvarstykkerne. Sprøjt lidt smør i hver lomme og tryk let til omkring fisken. Læg hvert stykke fisk på et blad filodej. Fold dejen om til en firkantet pakke, pensl og luk dejen med æg. Pakkerne steges i vindruekerneolie til de er gyldne på begge sider. Halver mangofrugten. Fjern skrællen og skær den i tynde skiver. Del bønnerne i halve, blancher i 1 min. i letsaltet vand, afkøl dem i koldt vand og dryp dem af. Sauter løg og ingefær i olie til løgene er klar. Tilsæt sojabouillon og bønner og kog det op.Vend mango og bønnespire heri og varm akkurat igennem.

Anretning
Bønnerne kommes i dybe tallerkener og derpå lægges pighvarfileterne.

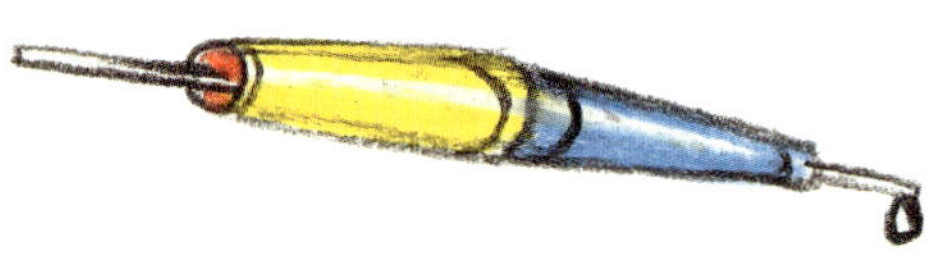

Steinbutt à l'oriental

für 4 Personen

Zutaten
4 St. Steinbuttfilet
40 g Butter
etwas geriebene Tunkanuss
geriebene Schale von einer 1/2 Limette
Salz
4-8 Blatt Strudelteig

Soja Ingwer-Bouillon
1 dl Soja
1 dl Erdnussöl
1/2 dl frisch gepressten Apfelsinensaft
1/2 Teel. zerdrückten Koriander
1 dl guten Balsamico
1/2 Essl. fein geschnittenen Ingwer

Bohnen
100 g Bohnen
1 Mango
50 g Bohnensprossen
1 Schalottenzwiebel
1/2 Ingwer
2-3 Essl. Soja
etwas Erdnussbutter
Weintraubenkernöl

Zubereitung
1. Die Zutaten der Soja-Ingwer-Bouillon zusammen aufkochen, vom Herd nehmen und zwei Stunden ziehen lassen.
2. Butter, Tunkanuss und Limettenschale zusammenrühren und in eine Spritztüte geben.
3. Eine kleine Tasche in die Steinbuttfilets schneiden. Mit der Spritztüte ein wenig Butter in die Taschen spritzen und mit der Hand vorsichtig zusammendrücken.
4. Jedes Fischfilet auf ein Blatt Strudelteig legen.
5. Den Teig dann zu einem viereckigen Paket um das Filet falten. Den Teig mit Ei bepinseln und schließen.
6. Die Päckchen in Weintraubenkernöl auf beiden Seiten braten, bis sie goldgelb sind.
7. Die Mangofrucht halbieren, die Haut entfernen, das Fruchtfleisch in dünne Scheiben schneiden.
8. Die Bohnen halbieren und in leicht gesalzenem Wasser eine Minute blanchieren. In kaltem Wasser abkühlen, danach abtropfen lassen.
9. Den Ingwer und die Zwiebeln so lange sautieren, bis die Zwiebeln klar sind.
10. Die Soja-Ingwer-Bouillon und die Bohnen hineingeben und aufkochen.
11. Die Mangoscheiben und die Bohnensprossen darin wenden und gut durchwärmen.

Anrichten
Die Bohnen werden in tiefe Teller gegeben, und darauf werden die Steinbuttfilets gelegt.

Vin – Wein
Gewürztraminer Herrenweg, Zind-Humbrecht, 1999, Elsass

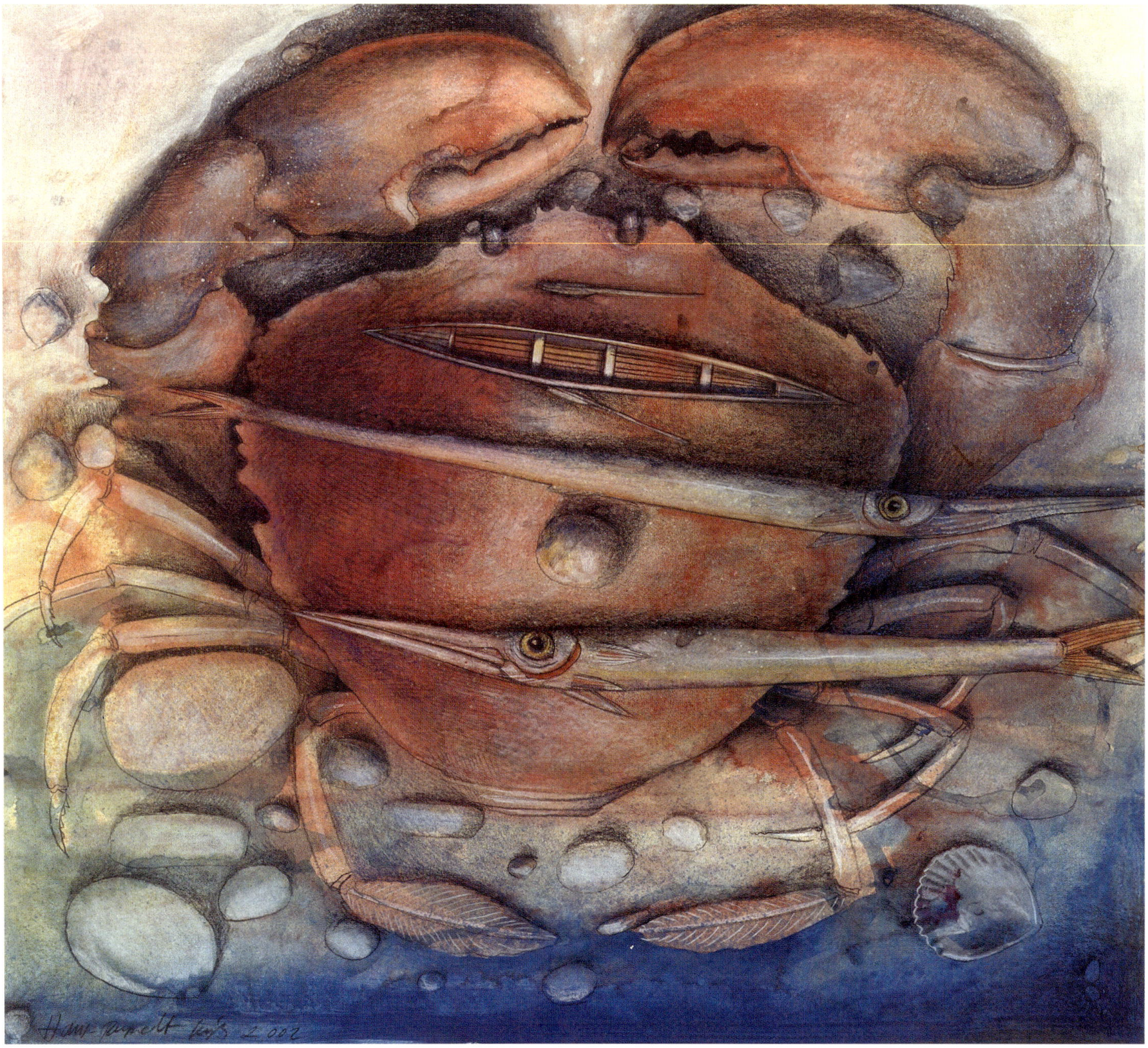

Ragout af jomfruhummer og skorzonnerrødder i szechuanpebersauce

4 personer

500 g pillede jomfruhummerhaler
2 dl jomfruhummerbisque
4 tomater i concassé (findelt, uden hud og kerner)
4 skrællede og på skrå skårne skorzonerrødder
2 tsk fintskåret purløg
1 tsk fintkværnet szechuanpeber
100 g smør (usaltet)
1/2 dl appelsinsaft

Lage til marinering af jomfruhummerhaler
1 knivspids cayenne
Saft af 1 citron
1/2 tsk kardemomme
1/2 dl sesamolie
Salt, peber

Mariner jomfruhummerhalerne i 1 time, læg dem derefter på et viskestykke og lad dem tørre. Varm 2 kobberpander kraftigt op og hæld olivenolie på. Steg skorzonnerrødderne i den ene pande til de er flot gyldne, steg halerne i den anden i ca. 1 1/2 min. og tag dem ud.
Deglacer panden nu med appelsinsaft, hæld jomfruhummerbisquen på og kog det ind til 1dl. Kom szechuanpeberen i og pisk det kolde smør i. Tag det af varmen og kom tomater og purløg i. Smag til med salt og citronsaft.

Anretning
I en stor dyb tallerken lægges jomfruhummerhalerne i et rundt mønster, de stegte skorzonerrødder i en top midt på, saucen hældes over.

Ragout von Kaiserhummer und Schwarzwurzeln in Szechuanpfeffersoße

für 4 Personen

Zutaten
500 g entschalte Kaiserhummerschwänze
2 dl Kaiserhummerbisque (Kraftsuppe)
4 Tomaten in Würfel
4 geschälte und schräg geschnittene Schwarzwurzeln
2 Teel. fein geschnittenen Schnittlauch
1 Teel. klein gemahlenen Szechuanpfeffer
100 g ungesalzene, kalte Butter
1/2 dl Apfelsinensaft

Beize zum Marinieren der Kaiserhummerschwänze
1 Messersp. Cayenne
Saft von einer Zitrone
1/2 Teel. Kardamom
1/2 dl Sesamöl
Salz und Pfeffer

Zubereitung
1. Die Beizezutaten vermengen.
2. Die Kaiserhummerschwänze 1 Stunde marinieren, danach auf ein Geschirrtuch legen und trocken tupfen.
3. 2 Kupferpfannen kräftig aufheizen und das Olivenöl hineingeben. In einer Pfanne Schwarzwurzeln so lange braten, bis sie goldgelb sind. In der anderen die Kaiserhummerschwänze ca. 1 1/2 min braten und herausnehmen.
4. Diese Pfanne nun mit Apfelsinensaft und der Kaiserhummerbique deglazieren. Bis auf 1 dl. einkochen.
5. Den Szechuanpfeffer dazugeben und die kalte Butter einschlagen, das Ganze vom Feuer nehmen und die Tomaten und den Schnittlauch hineingeben.
6. Mit Salz und Zitronensaft abschmecken.

Anrichten
Die Kaiserhummerschwänze in einem runden Muster auf einen großen tiefen Teller legen, die gebratenen Schwarzwurzeln in der Mitte häufen und die Soße darüber geben.

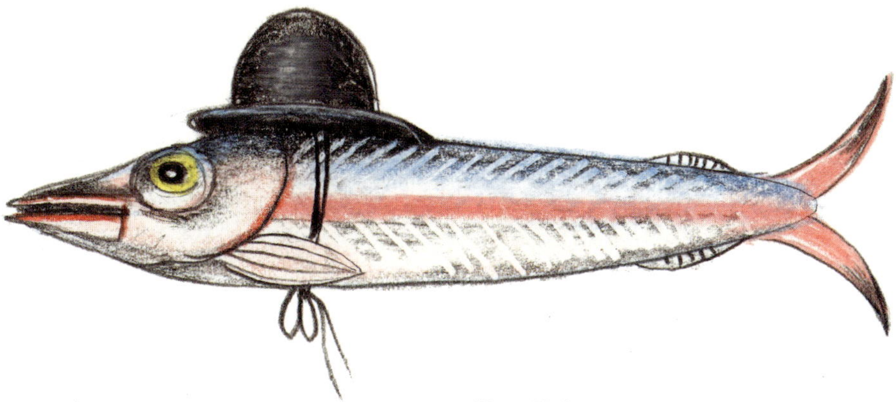

Vin – Wein
Anjou „La Lune" Domaine la Sansonnière, 1997, Loire

Letrøget bækforel med torvesalat og tomatvinaigrette

4 personer

2 bækforeller á 500-600 g
Forskellige salater, f.eks.:
Bionda, feldsalat, frissée, hjertesalat, lolo rossa, kørvel

Salatdressing
2 spsk af Fakkelgaardens salatdressing
1/2 dl sherry
1/2 dl balsamico eddike
1 dl vineddike
4 dl vindruekerneolie
2 dl olivenolie
2 dl valnøddeolie
1 presset fed hvidløg
1 spsk dionsennep
Salt og peber

Tomatvinaigrette
1/4 dl xéreseddike
1/4 dl balsamicoeddike
1 tsk fransk sennep
1/2 dl birkesolie
1/2 dl tidselolie
1/2 dl vindruekerneolie
Salt, peber
5 solmodne tomater i concassé (findelt, uden hud og kerner)
5 udblødte og findelte soltørrede tomater
2 spsk fintskåret purløg
2 spsk hakket kruspersille

Skær forellerne ud i fileter og fjern alle ben, salt dem let og koldrøg dem i 2 timer.
Kom det hele i hule smurte forme á 5 cm i diameter. Kom forellerne i således, at bugen vender ned ad og enderne mødes. Damp fisken i fiskekedel i 5 - 6 minuter.
Skyl de forskellige salater grundigt, pluk og vend dem rundt i salatdressingen. Pisk de flydende ingredienser til tomatvinaigretten sammen og vend krydderurter og tomater i.

Anretning
Placer forellerne i midten af tallerknen, anret salaterne dekorativt rundt omkring og hæld tomatvinaigretten udenom. Pynt med kørvel

Leicht geräucherte Bachforelle mit gemischten Salaten und Tomatenvinaigrette

für 4 Personen

Zutaten
2 Bachforellen – ca. 500 bis 600 g

Verschiedene Salate
(Bionda, Feld-, Frisée- oder Kopfsalat, Lollo Rosso) Kerbel

Dressing
2 Essl. vom Salatdressing (Fakkelgaardens)
1/2 dl Sherry
1/2 dl Balsamico
1 dl Weinessig
4 dl Traubenkernöl
2 dl Olivenöl
2 dl Walnussöl
1 zerdrückte Knoblauchzehe
1 Essl. Dijonsenf
Salz und Pfeffer

Tomatenvinaigrette
1/4 dl Sherry-Essig
1/4 dl Balsamico
1 Teel. französischen Senf
1/2 dl Mohnöl
1 dl Diestelöl
1/2 dl Traubenkernöl
Salz und Pfeffer
5 sonnengereifte Tomaten – von Haut und Kernen befreit und in kleine Würfel geschnitten
5 sonnengetrocknete Tomaten, eingeweicht und behandelt, wie die anderen Tomaten
2 Essl. fein geschnittenen Schnittlauch
2 Essl. gehackte krause Petersilie

Zubereitung
Forellen aufschneiden und alle Gräten entfernen. Filets leicht salzen und 2 Stunden kalt räuchern. Mit dem Bug nach außen so in eine gefettete Form (0, 5 cm) legen, dass beide Enden sich berühren.
Ca. 5-6 min im Fischtopf dämpfen.

Dressing
Alle Zutaten vermischen und mit Salz und Pfeffer abschmecken.
Die verschiedenen Salate gründlich waschen, klein pflücken und im Dressing wenden.

Tomatenvinaigrette
Alle flüssigen Zutaten mit dem Stabmixer vermischen und dann die zweierlei Tomatenwürfel und die Kräuter darin wenden.

Anrichten
Forellen in der Mitte der Teller platzieren. Salate und Tomatenvinaigrette dekorativ hierum anrichten. Mit Kerbel verzieren.

Vin – Wein
Silvaner, Künz-Bas, Tradition, 2000, Elsass

Hans - Ruprecht Leiß 2 0 0 2

Kippersterrine med røget laks og peberrodscreme

6 personer

6 flotte skiver røget laks
100 g kogte nye kartofler
200 g kippers
2 skefulde hakket purløg
4 dl fiskefond eller rejefond
4 blade gelatine

Peberrodscreme
1/4 pisket fløde
1 skefuld revet peberrod > bland det hele
5 dråber xéres vineddike
Salt, peber

Beklæd en form med film og tag derefter skiverne af røget laks, fyld formen skiftevis med laks, kippers, purløg og kartofler i skiver.
Lun fiskefonden op og tilsæt de opblødte gelatineblade. Smag til med salt og peber, hæld det i formen. Sæt terrinen på køl i 4-5 timer.

Anretning
Læg en skive af terrinen på en tallerken med 2 spiseskeformede kugler, samt peberrodscreme og eventuelt lidt salat.

Bücklingsterrine mit geräuchertem Lachs und Meerretichcreme

für 6 Personen

Zutaten
6 schöne Scheiben Räucherlachs
100 g gekochte neue Kartoffeln
200 g Bücklinge
2 Teel. gehackter Schnittlauch
4 dl Fisch- oder Krabbenfond
4 Blatt Gelatine

Meerrettichcreme
1/4 l geschlagene Sahne
1 Essl. geriebenen Meerrettich
5 Tropfen Xeres Weinessig
Salz und Pfeffer

Zubereitung
1. Alle Zutaten der Meerrettichcreme mischen. Die Kartoffeln in Scheiben schneiden.
2. Eine Form mit Folie auskleiden. Die Lachsscheiben nehmen und die Form damit abwechselnd mit Bücklingen, Schnittlauch und Kartoffelscheiben auslegen.
3. Den Fischfond erwärmen und die aufgeweichten Gelatineblätter dazugeben. Mit Salz und Pfeffer abschmecken und in die Form gießen.
4. Die Terrine (Form) 4 – 5 Stunden im Kühlschrank kühlen. Dann herausnehmen und stürzen, die Folie entfernen.

Anrichten
Die Bücklingsterrine in Scheiben schneiden. Jeweils eine Scheibe auf einen Teller zusammen mit einer esslöffelgeformten Kugel Meerrettichcreme und evtl. ein wenig Salat legen.

Vin – Wein
Toh, di Leonardo, Venezia, 2000, Veneto

Saltet laks med agurkesalat og dildcreme

10 personer

1 kg ren laksefilet fra midten
750 g havsalt

Agurkesalat
2 skrællede agurker uden kerner, skåret i 4x4 mm tern
1 dl eddike
100 g sukker
1 spsk hakket dild

Dildcreme
5 dl creme fraiche 38%
5 spsk hakket dild
1 spsk sennepskorn, kogt i 10 min.
Salt og peber

Læg laksen i en lage af 600 g havsalt og 2 l vand. Lad det trække i 12 timer. Kom derefter stykket i en lage af 150g havsalt o 2 l vand i 6 timer. Fjern laksefileten og læg den imellem 2 viskestykker. Gem lagen.
Salt agurketern og lad dem trække i 30 min. Tør dem forsigtigt. Kom dem sammen med dilden i lakselagen. Si lagen efter 3 timer, dryb agurketern af på et viskestykke.
Bland ingredienserne til dildcremen med stavblender til en let creme.

Anretning
Skær laksen i tynde skiver og læg dem på en tallerken. Anbring dildcremen med en sprøjtepose i et 5 mm tykt lag ovenpå. Læg agurketern i en lille form. Vend formen på hovedet i midten af lakseskiven og fjern den. Pynt med lakserogn og dild.

Gesalzener Lachs mit Gurkensalat und Dillcreme

für 10 Personen

Zutaten
1 kg reines Lachsfilet (Mittelstück)
750 g Meersalz

Gurkensalat
2 geschälte von Kernen befreite Gurken in Würfeln von 4 mal 4 mm
100g Essig
100 g Zucker
1 Essl. gehackten Dill

Dillcreme
5 dl Crème fraîche (38 %)
5 Essl. gehackten Dill
1 Essl. Senfkörner (10 min kochen)
Salz und Pfeffer

Zubereitung
(mindestens 24 Stunden vor dem Servieren zubereiten)

1. Das ganze Stück Lachsfilet in eine Lake von 600 g Meersalz und 2 l Wasser legen und 12 Stunden ziehen lassen. Dann 6 Stunden in einer Lake von 150 g Meersalz und 2 l Wasser 6 Stunden ziehen lassen. Danach herausnehmen und auf einem Tablett zwischen zwei Geschirrtücher legen. Die Lake aufbewahren.
2. Die Gurkenwürfel leicht salzen und 30 min ziehen lassen, danach vorsichtig trocken tupfen. Dann zusammen mit dem gehackten Dill in die Lachslake geben. Nach 3 Stunden wird die Lake abgeseiht und die Gurkenwürfelchen auf ein Geschirrtuch zum Abtropfen gelegt.
3. Die Dillcreme.
   Alle Zutaten mischen und mit einem Stabmixer zu einer leichten Creme mixen.

Anrichten
Den Lachs in dünne Scheiben schneiden und flach auf einen Teller legen. Die Dillcreme mit einer Spritztüte 5 mm dick auftragen. Die marinierten Gurken in eine kleine Form pressen und in der Mitte der Lachsscheibe umstülpen, die Form entfernen. Mit Lachsrogen und Dill dekorieren.

Vin – Wein
Pinot Blanc, Domaine Girolt, 2001, Elsass

Hans-Ruprecht Leiß 2

Lakseescalope med muslingevinaigrette og spinatgratin

5 personer

800 g laksefilet
1 kl blåmuslinger
1 gulerod i små tern > til dampning af muslingerne
1/5 selleri i små tern
2 skalotteløg i små tern
1 dl hvidvin
2 dl pighvarfond

Spinatgratin
500 g rengjort spinat
100 g smør
Friskrevet muskat
Salt, peber
1 hel fed hvidløg
2 spsk stift pisket creme fraiche 38%

Muslingevinaigrette
3 dl saft fra de dampede muslinger
1 dl vindruekerneolie
Citronsaft
Concassé af 5 tomater (findelt, uden hud og kerner)
1 bdt. tyndtskåret purløg

Kog ingredienserne til dampning af muslingerne op , og kom de rengjorte muslinger i.
Damp dem nu under låg i 4-5 minutter, tag dem op og pil dem ud af deres skaller. Si fonden gennem etamine.
Skær laksen ud i 10 ens skiver, kom dem på en smurt bageplade og læg 5 skiver derpå, drys med salt og peber, fordel de lune muslinger derpå med en klat smør.
Læg de resterende 5 skiver ovenpå og bag dem nu i 3 min. i en 220 grader varm ovn.

Blåmuslingevinaigrette
Reducer muslingesaften til 1/3 og pisk olien i, smag til med citronsaft, salt og peber.
Kom tomatconcassé og purløg i.

Spinatgratin
Varm en gryde op. Kom smør, spinat og hvidløg i og sauter det i 15 sekunder.
Smag til med reven muskat, salt og peber og hæld det over i en sigte. Hæld væden bort.
Kom det nu over i 5 runde forme, smør den piskede creme fraiche over toppen og stil det under grillen i 10 sekunder.

Anretning
Anret lakseescalopen forrest på tallerknen og spinatgratinen bagved. Hæld vinaigretten rundt om. Pynt med kørvel og kartoffel bagt i pres.

Lachsschnitzel mit Muschelvinaigrette und Spinatgratin

für 5 Personen

Zutaten
800 g Lachsfilet
1 kg Miesmuscheln
1 Möhre
1/5 Sellerie
2 Schalottenzwiebeln
1 dl Weißwein
2 dl Steinbuttfond

Spinatgratin
500 g gereinigter Spinat
100g Butter
frisch geriebener Muskat
Salz und Pfeffer
1 Knoblauchzehe
2 Essl. Crème fraîche (38 %)

Muschelvinaigrette
3 dl Saft von den gedämpften Muscheln
1 dl Weintraubenkernöl
Zitronensaft
5 Tomaten entkernt, enthäutet und in Würfel geschnitten
1 Bund klein geschnittener Schnittlauch

Zubereitung
1. Die Möhre, Sellerie und Schalottenzwiebeln würfeln und zusammen mit dem Weißwein und dem Steinbuttfond aufkochen.
2. Die Miesmuscheln reinigen, in den Sud geben und unter dem Deckel 4 – 5 min dämpfen
3. Muscheln herausnehmen und die Schale entfernen. Den Sud aufbewahren und durch Etamine seien. Den Backofen auf 220 ° vorheizen.
4. Den Lachs in 10 gleiche Stücke schneiden. Ein Backblech fetten und 5 Scheiben Lachs darauf legen. Mit Salz und Pfeffer bestreuen. Die noch lauwarmen Muscheln zusammen mit etwas Butter auf die Lachsscheiben verteilen.
5. Die restlichen Lachsscheiben auf die Muscheln legen und 3 min im Backofen backen.
6. Den Muschelsaft auf ein Drittel reduzieren und das Weintraubenkernöl mit dem Schneebesen hineinschlagen. Mit Zitronensaft, Salz und Pfeffer abschmecken, dann die Tomatenwürfel und den Schnittlauch hineingeben.
7. Einen Topf erwärmen, die Butter, den Spinat und den Knoblauch hineingeben und 15 min sautieren. Mit geriebenem Muskat, Salz und Pfeffer abschmecken. Danach in ein Sieb geben und Flüssigkeit wegschütten. Jetzt den Spinat in 5 runde Formen pressen. Crème fraîche mit einem Mixer steif schlagen und auf die Spitzen streichen, dann 10 sek unter einen Grill stellen.

Anrichten
Die Lachsschnitzel werden vorn auf einem Teller angerichtet, dahinter der Spinatgratin und die Vinaigrette rundherum. Mit Kerbel oder Kartoffelchips dekorieren.

Vin – Wein
Petit Bourgeois, Henri Bourgeois, 2000, Loire

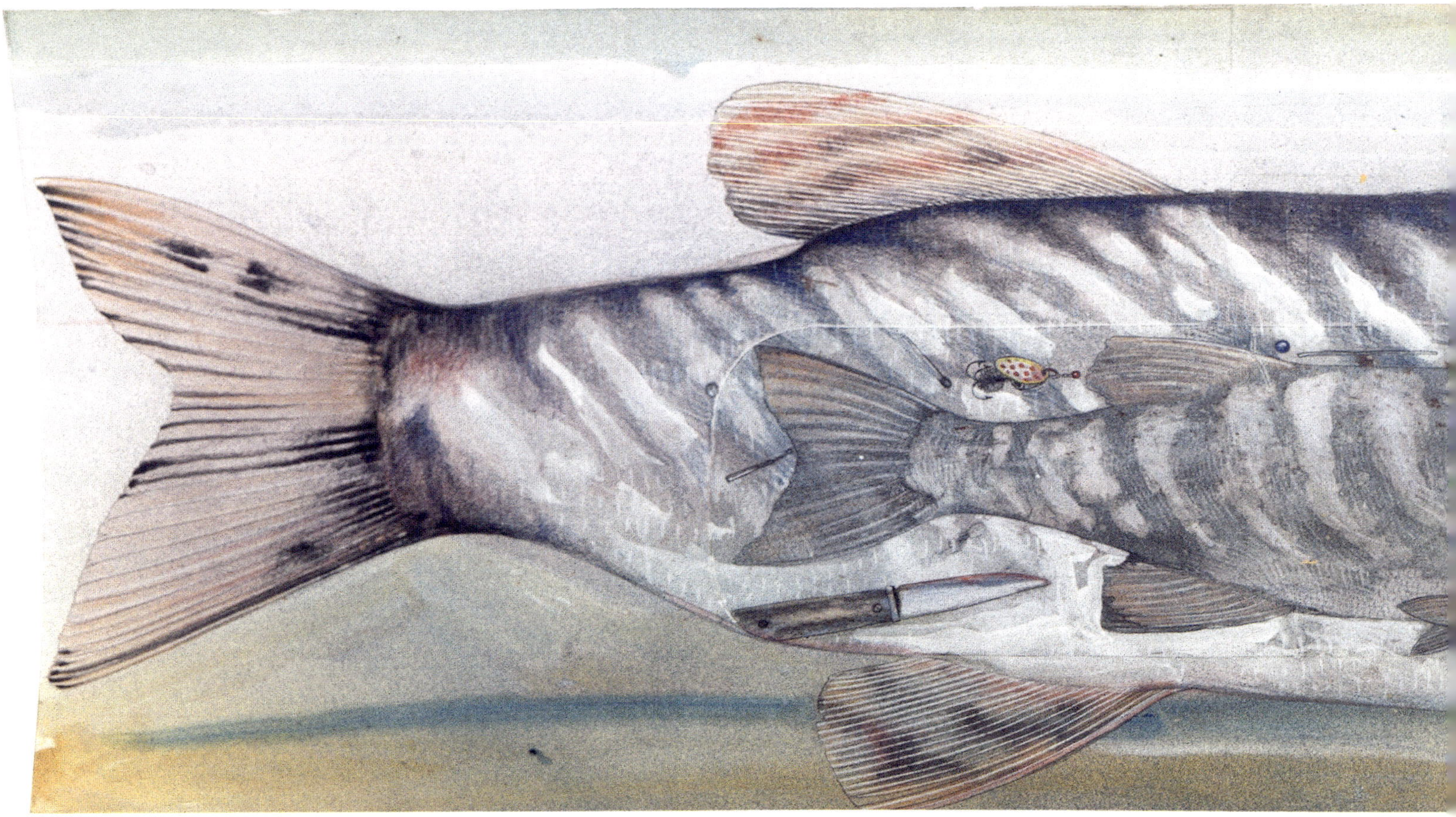

Fyldt sild med løgkompot og kapersskum (Frokostret)

4 personer

8 fede udbenede høstsild
1 spsk grov sennep
4 løg i tynde skiver
100 g smør
Boghvedemel
2 dl pisket æggehvide
2 spsk kapers
Hjemmebagt rugbrød og fedt

Krydderlage
1/2 l eddike
500 g sukker
1 løg i skiver   > kog det op lad det afkøle
3 nelliker
1 laurbærblad
1 god kvist timian

Silden
Damp løgene blødt i smør sammen med grovsennep. Fold sildene ud og drys dem med salt og peber, fyld dem nu med løgkompotten og fold dem sammen, vend dem i boghvedemelet og steg dem i smør. Læg dem i krydderlagen i 1 døgn.

Kapersskum
Bland æggehvide med 3/4 af kaperserne og blend det i 1 min. med stavblenderen.

Anretning
Kom 2 sild på en tallerken, kapersskum rundt om. Pynt med kapers, løg og dild. Server hjemmebagt rugbrød, fedt, øl og snaps dertil.

Gefüllter Hering mit Zwiebelkompott und Kapernschaum

für 4 Personen

Zutaten
8 dicke entgrätete Heringe
1 Essl. grober Senf
4 Zwiebeln in dünnen Scheiben
100 g Butter
Buchweizenmehl
2 dl Grundschaum (geschlagenes Eiweiß)
2 Essl. Kapern
selbst gebackenes Schwarzbrot und Fett

Kräutermarinade
1/2 l Essig
500 g Zucker
1 Zwiebel in Scheiben
3 Nelken
1 Lorbeerblatt
1 Zweig Thymian

Zubereitung
(mindestens 24 Stunden vor dem Servieren zubereiten)

1. Die Zutaten der Kräutermarinade aufkochen und abkühlen lassen.
2. Die Zwiebeln zusammen mit dem groben Senf in Butter mürbe dämpfen.
3. Die Heringe auseinander klappen, mit Salz und Pfeffer bestreuen, mit dem Zwiebelkompott füllen und wieder zusammenklappen. In Buchweizenmehl wenden und in Butter braten. Dann 24 Stunden in der Kräutermarinade ziehen lassen.
4. Den Grundschaum mit den zerschnittenen Kapern vermischen und 1 min mit dem Stabmixer mixen.

Anrichten
2 Heringe auf einen Teller legen, den Kapernschaum drum herum geben. Mit Kapern Zwiebeln und Dill dekorieren. Dazu werden selbst gebackenes Schwarzbrot, Fett, Bier und Schnaps gereicht.

Øl – Bier
Carlsberg Weizenbier, Danmark

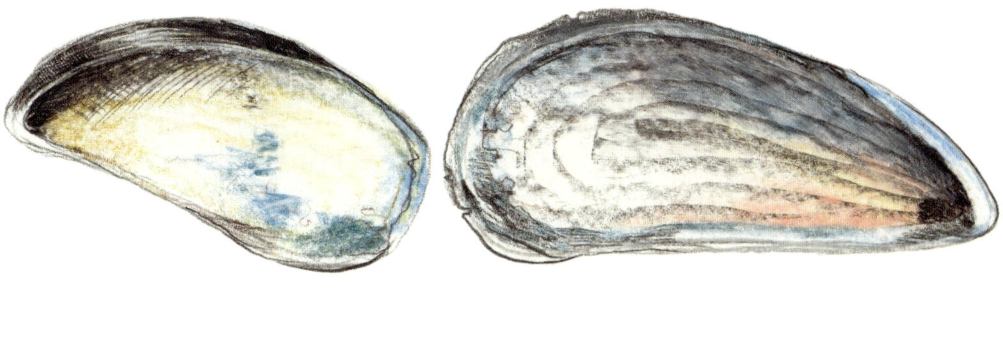

Muslingesuppe med safran

10 personer

3 kg friske blåmuslinger
1 flaske tør hvidvin
1 l fiskefond
3 store skalotteløg
2 laurbærblade
2 kviste rosmarin
1/2 l piskefløde
100 g smør
Salt, peber
Lidt safran
Brødcroutoner

Rens muslingerne og vask dem grundigt, hæld dem op i en varm og tør gryde, hæld hvidvin på sammen med de groft hakkede løg og krydderurterne. Kog det hele ind til ca. 1/3, tilsæt derefter fiskefonden og ca. 2/3 dl fløde. Kog suppen og si den. Pil muslingerne og hold dem varme. Nedkog suppen sammen med safran, monter den med smør og smag til med salt og peber. Tilsæt ca. 3 dl pisket fløde, kom muslingerne i suppen. Skum den op med stavblenderen. Rist brødcroutonerne i smør.

Anretning
Server med smør ristede brødcroutoner. Pynt evt. med krydderier.

Muschelsuppe mit Safran

für 10 Personen

Zutaten
3 kg frische Miesmuscheln
1 Flasche trockener Weißwein
1 l Fischfond
3 große Schalottenzwiebeln
2 Lorbeerblätter
2 Zweiglein Rosmarin
1/2 l Schlagsahne
100 g Butter Salz und Pfeffer
etwas Safran
Brotcroûtons

Zubereitung
1. Zwiebeln und Kräuter grob hacken.
2. Einen Topf auf kleiner Flamme trocken erwärmen.
3. Die Miesmuscheln gründlich reinigen und waschen, dann in den angewärmten Topf geben.
4. Den Weißwein zusammen mit den Zwiebeln und den Kräutern hineingeben.
5. Das Ganze auf ein Drittel durch Kochen reduzieren.
6. Den Fischfond dann hinzufügen und danach 2/3 dl Sahne.
7. Die Suppe aufkochen und durchseien.
8. Die Muscheln von der Schale befreien und warm halten.
9. Den Safran in die Suppe geben und herunterkochen lassen. Die Butter hineingeben und mit Salz und Pfeffer würzen.
10. 3 dl Sahne schlagen und kurz vor dem Servieren in die Suppe geben und mit dem Stabmixer aufschäumen. Die Muscheln hineingeben.
11. Brotcroûtons in Butter rösten.

Anrichten
Die Suppe mit den gerösteten Croûtons servieren. Evtl. mit Kräutern dekorieren.

Vin – Wein
Marlborough, Sauvignon Blanc, Kim Crawford, 2001, New Zealand

Havtasketournedos med sprød kartoffelskorpe og safran-kokossauce

4 personer

400 g afpudset havtaskefilet
2 store Sava kartofler
100 g svinenet
10 hakkede markchampignoner
1/2 dl piskefløde
Salt, peber

Garniture
1 courgette (skåret i julienne)
2 spsk olivenolie
1 spsk hakket persille
1 spsk hakket skalotteløg
Salt, peber

Sauce
1 dl hvidvin
1/2 hakket hvidløg
2 hakkede skalotteløg
15 safrantråde
2 markchampignoner i skiver
1 spsk kokos
1 knivspids carry
1 dl pighvar fond
1 1/2 dl piskefløde
Salt og peber
1 spsk flødeskum

Fisken
Del havtaskefileten i 4 lige store stykker og skær en lomme i hver tournedos. Sauter de hakkede champignoner og skalotteløg i lidt smør, til væden er væk. Tilsæt piskefløden og kog det hele til en tyk ragout. Afkøl den og fyld den i tournedos lommerne. Skræl kartoflerne og riv dem på grovsiden af et rivejern, skyl i koldt vand indtil alt kartoffelmel er væk. Tør de revne kartofler nu i et viskestykke, kog dem derefter i 1 dl olivenolie i ca. 4-5 min. og afkøl dem.
Bred 4 stykker svinenet af ca. 8x8 cm ud på køkkenbordet og kom de revne kartofler, ca 3 x 3 cm, i midten. Kom havtasketournedos oven på, fold nu fedtnettet omkring havtasken, så den lukkes inde. Varm en tefalpande med 1/2 dl olivenolie op og steg dem i ca. 9-10 min. på kartoffelsiden, vend dem om og steg dem i 1-2 min. på den anden side.

Garniture
Sauter courgettestrimlerne i hed olivenolie sammen med skalotteløg i ca 1 1/2min. Tilsæt persille, salt og peber. Lad det hele dryppe af i en sigte.

Saucen
Sauter skalotteløg, hvidløg, champignon og safran i 1 spsk smør i ca. 2 min. Tilsæt kokos sammen med hvidvin, kog det ned til 1/3 . Tilsæt pighvarfonden og kog det hele op. Tilsæt dernæst fløden og lad det koge til saucen begynder at blive tyk, si den og smag til med salt, peber og citronsaft. Tilsæt den varme sauce 1 spsk flødeskum og skum det op med stavblender lige inden anretningen.

Anretning
Kom de sauterede courgetter i midten af tallerknen, den sprøde havtaske-tournedos oven på , hæld den skummede safran-kokossauce uden om, pynt med kørvelblade.

Vin
Ovation Chardonnay, Joseph Phelps, Vineyards, California 1998, Napavalley

Seeteufeltournedos mit Kartoffelkruste und Safran-Kokos-Soße

für 4 Personen

Zutaten

400 g geputztes Seeteufelfilet
2 große Sava-Kartoffeln
100 g Schweinenetz
10 St. gehackte Wiesenchampignons
1 dl Schlagsahne
Salz und Pfeffer

Garnitur

1 Zucchini in Stifte geschnitten
2 Essl. Olivenöl
1 Essl. gehackte Petersilie
1 Essl. gehackte Schalottenzwiebeln
Salz und Pfeffer

Soße

1 dl Weißwein
1/2 gehackte Knoblauchzehe
2 gehackte Schalottenzwiebeln
15 Safranfäden
2 Wiesenchampignons in Scheiben
Zitrone
1 Essl. Kokos
1 Messersp. Curry
1 1/2 dl Sahne
1 dl Steinbuttfond
Salz und Pfeffer
1 Essl. geschlagene Sahne

Der Fisch

1. Das Filet in 4 gleich große Stücke schneiden und eine Tasche in jedes Filet schneiden.
2. Die gehackten Champignons und Schalottenzwiebeln in etwas Butter sautieren, bis alle Flüssigkeit verschwunden ist. Die Sahne hinzufügen und das Ganze gekocht, bis es ein dickes Ragout ergibt. Das Ragout abkühlen lassen, dann in die Seeteufeltournedotaschen füllen.
3. Die Kartoffeln schälen und auf der groben Seite einer Reibe zerkleinern, gut in kaltem Wasser spülen, bis das Kartoffelmehl verschwunden ist. Die geriebenen Kartoffeln nun in einem Geschirrtuch trocknen.
4 Dann ca. 4-5 min in 1 dl Olivenöl kochen und abkühlen lassen.
5. 4 Stück Schweinenetz von ca. 8 mal 8 cm auf dem Küchentisch ausbreiten. Ins Zentrum des jeweiligen Netzes die geriebenen Kartoffeln geben ca. auf 3 mal 3 cm. Darauf die Seeteufeltournedos legen, dann das Netz so um die Tournedos legen, dass es geschlossen ist.
6. Eine Teflonpfanne mit 1/2 dl Olivenöl aufwärmen. Die Tournedos ca. 9 – 10 min auf der Kartoffelseite braten, umdrehen und ca. 1– 2 min auf der anderen Seite braten.

Garnitur

1. Die Zucchinistifte in heißem Olivenöl zusammen mit der Zwiebel ca. 1 1/2 min braten.
2. Die gehackte Petersilie, Salz und Pfeffer hinzufügen und die ganze Masse in einem Sieb abtropfen lassen.

Soße

1. Schalottenzwiebeln, Knoblauch, Champignons und die Safranfäden mit einem Essl. Butter ca. 2 min sautieren.
2. Den Kokos zusammen mit dem Weißwein dazugeben und bis auf 1/3 herunterkochen.
3. Den Steinbuttfond hineingeben und alles zusammen aufkochen .
4. Die Sahne hinzufügen und so lange kochen lassen, bis die Soße anfängt dick zu werden. Dann durchseien und mit Salz, Pfeffer und Zitrone abschmecken.
5. Vor dem Anrichten einen Essl. geschlagene Sahne in die warme Soße geben und mit dem Stabmixer aufschäumen.

Anrichten

Die sautierten Zucchini in die Mitte des Tellers, die krossen Seeteufel-tournedos darauf und die geschäumte Safran-Kokos-Soße um alles herumgeben. Mit Kerbelblättern dekorieren.

Wein

Ovation Chardonnay, Joseph Phelps, Vineyards, California 1998, Napavalley

Ålecrepinette på pomme grand mère og rødvinssauce

4 personer

600 g flået ål
4 cm røget ål
4 spsk fiskesouffléfars (se bilag)
1 tsk grov sennep
Æg, mel, rasp

Pomme grand mère
2 store kogekartofler
50 g bacon i tern
2 dl fjerkræfond
1 spsk hakket persille

Rødvinssauce
4 dl rødvin
1 dl portvin
2 finthakkede champignoner
2 finthakkede skalotteløg
Ben fra ålen
150 g koldt smør (i små tern)

Ålecrepinette
Fileter ålen og skær den i stykker på 1/2 cm. Gem benene til saucen. Bland ål, fars og sennep og kom det ned i 4 runde metalforme uden låg og bund, med et stykke røget ål i midten. Paner dem derefter i mel, æg, rasp og steg dem gyldne i smør i ca. 7-8 min. Fjern metalformen ved anretningen.

Pomme Grand Mére
Skær kartoflerne i stykker på 5x5 mm og kog dem til en grødet kompot sammen med bacontern og fjerkræfond. Tilsæt hakket persille ved anretningen.

Rødvinssauce
Kog alle ingredienser, undtagen smør, ind til 1/2 dl, si og monter saucen med det kolde smør.

Anretning
Placer ålecrepinetten på den ene side af tallerknen, pomme grand mére på den anden, hæld saucen omkring.

Aalcrepinetten auf Pomme Grand Mère mit Rotweinsoße

für 4 Personen

600 g abgezogener Aal
4 cm geräucherten Aal
4 Essl. Fischsouffléhack (siehe Anhang)
1 Teel. grober Senf
Eier, Mehl, Paniermehl

Pomme Grand Mère
2 große Kochkartoffeln
50 g Bacon gewürfelt
2dl Hühnerbrühe
1 Essl. gehackte Petersilie

Rotweinsoße
4 dl Rotwein
1 dl Portwein
2 fein gehackte Champignons
2 fein gehackte Schalottenzwiebeln
die Gräten vom Aal
150 g kalte Butter in kleinen Stücken

Zubereitung
1. Die Aale filetieren und in 1/2 cm lange Stücke schneiden. Die Gräten für die Soße aufbewahren.
2. Die Aalstücke, das Hack und den Senf vermischen und in runde Metall formen (ohne Deckel und Boden) mit einem Stück geräuchertem, enthäutetem und entgrätetem Aal in die Mitte setzen.
3. Die Formen in Mehl, Eier und Paniermehl panieren und ca. 7 – 8 min in Butter goldgelb braten. Zum Anrichten die Metallformen entfernen.

Pomme Grand Mère
1. Die Kartoffeln in 5 mal 5 mm Größe würfeln und zusammen mit dem Bacon und dem Hühnerfond zu einem dicken Kompott kochen.
2. Vor dem Anrichten gehackte Petersilie hinzufügen.

Rotweinsoße
Alle Zutaten bis auf die Butter einkochen auf 1/2 dl, dann durchseien und mit kalter Butter aufschlagen.

Anrichten
Auf der einen Seite des Tellers die Aalcrepinette platzieren und Pomme Grand Mère auf der anderen Seite. Drum herum wird die Soße gegeben.

Vin – Wein
Sancerre pinot Rose, Lucien Crochet, 2001, Loire

Fynsk fjordreje bisque med stegte asparges

5 personer

1 kg fynske fjordrejer (levende)
1 l pighvarfond
1 stk gulerod
1/10 selleri
1 stk porre
3 fed hvidløg
1 spsk tomatpuré
1 knivspids paprika
1/4 l tør hvidvin
1/2 l piskefløde
5 tykke hvide asparges
Citronsaft
2 spsk flødeskum

Blancher rejerne hurtigt i pighvarfond og pil dem. Rist skallerne i olivenolie sammen med grøntsager skåret i tern og tomatpuré. Deglacer gryden med hvidvin, når det har taget en god gylden farve, og kog det lidt ned.

Bisquen
Kom cayenne, paprika og pighvarfond på og kog det i ca. 10 min., derefter hviler fonden 1/2 time, si den gennem etamine og kog den ind til 1/2 liter, hæld fløde på. Kog ind til 3/4 liter og smag til med salt, peber og citronsaft. Skræl de hvide asparges og skær dem i 3 mm tynde skiver på tværs, rist dem gyldne i olivenolie og krydr med salt og peber. Lun rejerne let i lidt pighvarfond.

Anretning
Fordel rejerne i dybe tallerkner, læg asparges i en bunke midt i tallerknen. Kog bisquen op og tilsæt flødeskum, skum det op med stavblender og hæld det i tallerkner. Pynt med kørvel.

Fünische Fördekrabbenbisque mit gebratenen Spargeln

für 5 Personen

Zutaten
1 kg fünische Fördekrabben
1l Steinbuttfond
1/10 Sellerie
1 Porree
1 Möhre
3 Knoblauchzehen
1 Essl. Tomatenpüree
1 Messersp. Cayennepfeffer
1 Messersp. Paprika
1/4 l trockenen Weißwein
1/2 l Schlagsahne
5 dicke weiße Spargel
Zitronensaft
2 Essl. geschlagene Sahne

Zubereitung
1. Die Krabben schnell im Steinbuttfond blanchieren. Danach pulen. Die Schalen in Olivenöl zusammen mit dem gewürfelten Gemüse und Tomatenpüree rösten. Wenn die Masse einen goldgelben Farbton angenommen hat, wird der Topf mit Weißwein deglaciert und etwas heruntergekocht.
2. Cayennepfeffer, Paprika und Steinbuttfond werden hinzugefügt und ca. 10 min gekocht. Danach eine halbe Stunde ruhen lassen, durch Etamine seien und so herunterkochen, dass die Menge auf die Hälfte reduziert wird. Die Sahne hinzufügen, durch Aufkochen auf einen 3/4 l bringen und mit Salz, Pfeffer und Zitronensaft abschmecken.
3. Die weißen Spargel schälen und quer in 3 mm breite Scheiben schneiden, in Olivenöl goldgelb braten und mit Salz und Pfeffer würzen.
4. Die Krabben in Steinbuttfond erwärmen.

Anrichten
Die gewärmten Krabben auf 5 tiefe Teller verteilen, den Spargel in einem Häufchen in der Mitte geben. Die Sahne in die Bisque geben mit dem Stabmixer aufschäumen und in die Teller geben. Mit Kerbel dekorieren.

Vin – Wein
Muscat d'Alsace, Collection Kuentz-Bas, 2001, Elsass

Dampet torsk med jomfruhummerragout og anisbouillon

4 personer

1 side klargjort torsk uden ben
4 store jomfruhummer (i tern)
1/2 fennikel(i tern og blancheret møre)
1 finthakket skalotteløg
2 dl jomfruhummerfond (kogt med anis)
2 spsk hakket purløg
2 spsk smør
2 tomater i concassé (findelt, uden hud og kerner)

Del torskefileten i 4 og damp dem i fiskekedel i ca. 5 min., fjern skindet nu og kom stykkerne i hver sin dybe tallerken.
Lynsteg jomfruhummerne på en glohed pande og fordel dem i tallerkner.
Kom nu jomfruhumerfond, skalotteløg, purløg, tomater og fennikel på panden. Kog ind til 1 1/2 dl og monter med smør.

Anretning
Fordel på de 4 tallerkner og pynt med kørvel.

Gedämpfter Dorsch mit Kaiserhummer und Anisbouillon

für 4 Personen

Zutaten
1 halbe Seite eines Dorsches ohne Gräten
4 gr. Kaiserhummer
1/2 Fenchel
1 Schalottenzwiebel
2 dl Kaiserhummerfond mit Anis gekocht
1/2 l Bund Schnittlauch
2 Essl. weiche Butter
2 Tomaten

Zubereitung
1. Die halbe Fenchel würfeln und mürbe blanchieren.
2. Die Kaiserhummer in Würfel schneiden.
3. Die Schalottenzwiebel fein hacken.
4. Die Tomaten blanchieren, enthäuten, entkernen und würfeln.
5. Den Schnittlauch hacken.
6. Das Dorschfilet in 4 Stücke schneiden und im Fischkessel ca. 5 min dämpfen. Dann die Haut entfernen und die Stücke jeweils in tiefe Teller legen.
7. Die Kaiserhummerwürfel in einer glühendheißen Pfanne blitzschnell braten und auf die 4 Teller verteilen.
8. Jetzt den Kaiserhummerfond, die Schalottenzwiebel, Schnittlauch, Tomaten und Fenchel in die Pfanne geben, bis auf 1 1/2 dl einkochen und die Butter einschlagen.

Anrichten
Auf die 4 Teller verteilen und mit Kerbel verzieren.

Vin – Wein
Chablis, Alain Geoffroy, 2000, Bourgogne

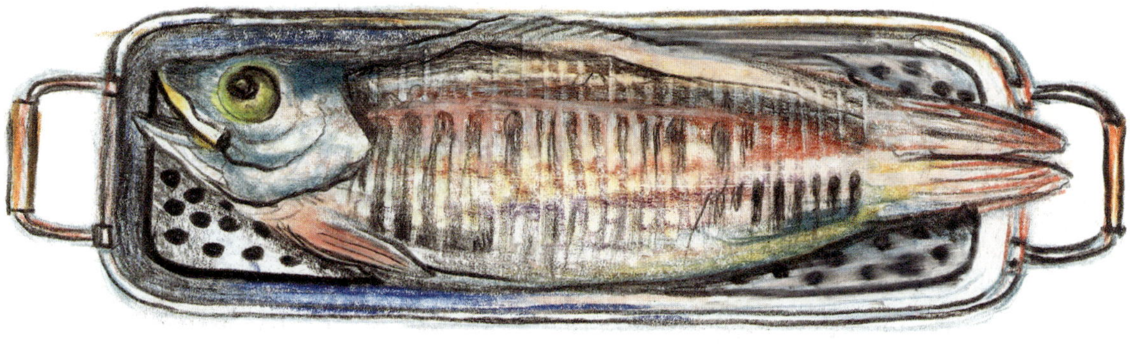

Consommé af sort hummer med crouton af koral

10 personer

2 danske hummer á 600-700 g med koral
1 gulerod
1/10 selleri
2 porre
1 fed hvidløg
Lidt timian
1 spsk tomatpuré
1 løg
2 spsk cognac
1/2 l hvidvin
2 l klar pighvarfond
10 skiver franskbrød
Koral
4 spsk blødt smør
2 spsk citronsaft
3 spsk hakket kørvel

Hummer
Blancher hummerne i 1/2 minut i kogende vand og kom dem over i isvand, kødet er meget nemmere at fjerne fra halen og kløerne efter en kort blanchering. Gem koralen.
Rist skallerne nu i hed olivenolie sammen med grøntsagerne og tomatpuréen, flamber det i cognac og deglacer med vin. Hæld pighvarfond på og kog det i 30 min. Lad det hvile i 30 min. og si det gennem etamine, kog ind til 1 1/4 liter. Smag til med salt og peber.

Hummercrouton med koral
Hak hummerkødet groft, pres koralen gennem en sigte og rør den med smør, citronsaft og hakket kørvel. Vend det nu sammen med hummerkødet. Udstik brødet med runde forme og rist det i salemander (grill), lad det afkøle. Hvis man har hummersmør, smøres croutonerne nu med det og hummermassen fordeles derpå. Kom hummercroutonerne i salemanderen i 3-4 min.

Anretning
Hæld den rygende varme consommé i dybe tallerkner, server hummercroutonerne ekstra.

Consommé aus schwarzen Hummern mit Croûtons aus Corail

für 10 Personen

Zutaten
2 dänische Hummer à 600 – 700 g mit Corail
1 Möhre
1/10 Sellerieknolle
2 Porrees
1 Knoblauchzehe
etwas Thymian
1 Essl. Tomatenpüree
1 Zwiebel
2 Essl. Cognac
1/2 l Weißwein
2 l klaren Steinbuttfond
10 Scheiben Weißbrot
Corail (Hummermark)
4 Essl. weiche Butter
2 Essl. Zitronensaft
2 Essl. gehackte Kerbel

Zubereitung
Hummer
1. Die Hummer 1/2 Minute in kochendem Wasser blanchieren und dann in Eiswasser legen. Die Schale von den Zangen und dem Schwanz entfernen. Das Corail aufbewahren.
2. Die Schale zusammen mit dem Gemüse und dem Tomatenpüree in heißem Olivenöl rösten, mit Cognac flambieren und mit dem Weißwein deglazieren.
3. Den Steinbuttfond darauf geben und 30 min kochen. Dann 30 min ruhen lassen und durch Etamine seien.
4. Bis auf 1 1/4 l herunterkochen, dann mit Salz und Pfeffer abschmecken.

Hummercroûton mit Corail
1. Das Hummerfleisch grob hacken und das Corail durch ein Sieb pressen und mit Butter, Zitrone und gehackten Kerbel verrühren.
2. Das Hummerfleisch darin wenden.
3. Das Brot mit runden Formen ausstechen und im Salemander (Grill) rösten und abkühlen lassen.
4. Wenn man Hummerbutter hat, werden die Croûtons damit bestrichen und die Hummermasse darauf verteilt. Dann 3 – 4 min in den Salemander geben.

Anrichten
Die dampfende Consommé in tiefe Teller geben und die Hummercroûtons separat servieren.

Vin – Wein
Corton-Charlemagne, Domaine Laleure-Piot, 1995, Bourgogne

Krydderurte ristet knurhane med ratatouille og tomatessens

2 personer

Knurhane
3 røde knurhaner
12 kviste timian
3 laurbær

Tomatkompot
4 tomater
3 skalotteløg
1 spsk tørret timian
4 blade frisk basilikum
2 fed hvidløg
1/2 dl olivenolie

Sauce
2 skalotteløg
3 champignoner
2 dl hvidvin
6 dl fiskefond
Koldt smør
Salt og peber

Ratatouille
1 tomat
1/4 aubergin
1/4 squach
1/2 skalotteløg
8 blade bredbladepersille
1 fed hvidløg
1 dl olivenolie

Tomatkompot
Blancher tomaterne, fjern kerner og skind, skær dem i små tern.
Steg finthakket hvidløg, skalotteløg, basilikum og tomater i olien på en meget varm pande til det er en „grød“. Smag til og si det.

Sauce
Skær skalotteløg og champignon i små stykker og sauter dem i olie tilsat hvidvin. Kog det til der ikke er mere hvidvin. Tilsæt resten af tomatkompotten og blend saucen. Si den og smag til med salt og peber. Monter saucen med koldt smør inden serveringen.

Ratatouille
Skær aubergin og squach i 1x1 cm tern, blancher tomaterne, pil skind og indmad fra, skær også i 1x1 cm tern. Skræl skalotteløg og skær dem i fine både. Pluk og vask persillen, hak hvidløg fint. Kom aubergin, squach og hvidløg på en hed pande med olivenolie, sving i 30 sek. Tilsæt skalotteløg og persille, smag til med salt og peber. Lad alt drybbe af.

Knurhane
Skær små huller under skindet på fileterne, del og stik timian og laurbær igennem og krydr med salt og peber. Steg fisken sprødt på en hed pande.

Anretning
Kom ratatouillen i midten af tallerknen, læg knurhanefileterne derpå og hæld tomatessensen rundt om.

Vin
Bandol, Domaine, Tempier, 1999, Provence

Kräutergespickter Knurrhahn mit Ratatouille und Tomatenessenz

(für 2 Personen)

Zutaten

Tomatenkompott
4 Tomaten
3 Schalottenzwiebeln
1 Essl. getrockneter Thymian
4 Blätter frisches Basilikum
2 Knoblauchzehen
1/2 dl Olivenöl

Soße
2 Schalottenzwiebeln
3 Champignons
2 dl Weißwein
6 dl Fischfond
kalte Butter
Salz und Pfeffer

Ratatouille
1 Tomate
1/4 Aubergine
1/4 Zucchini
1/2 Schalottenzwiebel
8 Blätter glatte Petersilie
1 Knoblauchzehe
1 dl Olivenöl

Knurrhahn
3 rote Knurrhähne
12 Zweiglein Thymian
3 Lorbeerblätter

Zubereiten

Tomatenkompott
1. Die Tomaten blanchieren, Kerne und Haut entfernen und in Würfel schneiden.
2. Knoblauch, Schalottenzwiebeln und Basilikum fein hacken und zusammen mit Tomaten in einer heißen Pfanne mit Olivenöl so lange braten, bis eine Kompottmasse entsteht.
3. Abschmecken und durchseien.

Soße
1. Die Schalottenzwiebeln und Champignons klein schneiden und in Olivenöl sautieren.
2. Weißwein hinzufügen und so lange sautieren, bis er ganz verschwunden ist.
3. Einen Essl. Tomatenkompott hineingeben und dann den Fischfond bis auf einen passenden Geschmack reduzieren.
4. Den Rest des Tomatenkompotts hinzufügen und die Soße mit dem Stabmixer gut durchmixen.
5. Die Soße durchseien und mit Salz und Pfeffer abschmecken.
6. Vor dem Anrichten mit kalter Butter aufschlagen.

Ratatouille
1. Auberginen und Zucchini in 1 x 1 cm große Würfel schneiden.
2. Die Tomaten blanchieren, Kerne und Inneres entfernen und in 1 x 1 cm große Würfel schneiden.
3. Schalottenzwiebeln schälen und in kleine Boote schneiden.
4. Die Petersilie pflücken und waschen, den Knoblauch fein hacken.
5. Eine Pfanne mit Olivenöl stark erhitzen, Auberginen, Zucchini und Knoblauch hineingeben und 30 Sek. schwenken. Schalottenzwiebeln und Petersilie hinzufügen und mit Salz und Pfeffer würzen.
   Vor dem Servieren abtropfen lassen.

Knurrhahn
1. Die Knurrhähne säubern und filetieren. Kleine Löcher unter die Haut schneiden.
2. Den Thymian und die Lorbeerblätter teilen und die Filets damit in den Löchern spicken. Mit Salz und Pfeffer würzen.
3. In einer heißen Pfanne kross braten.

Anrichten
Die Ratatouille in die Mitte des Tellers geben, die Knurrhahnfilets darauf legen und das Tomatenkompott drum herum geben.

Wein
Bandol, Domaine, Tempier, 1999, Provence

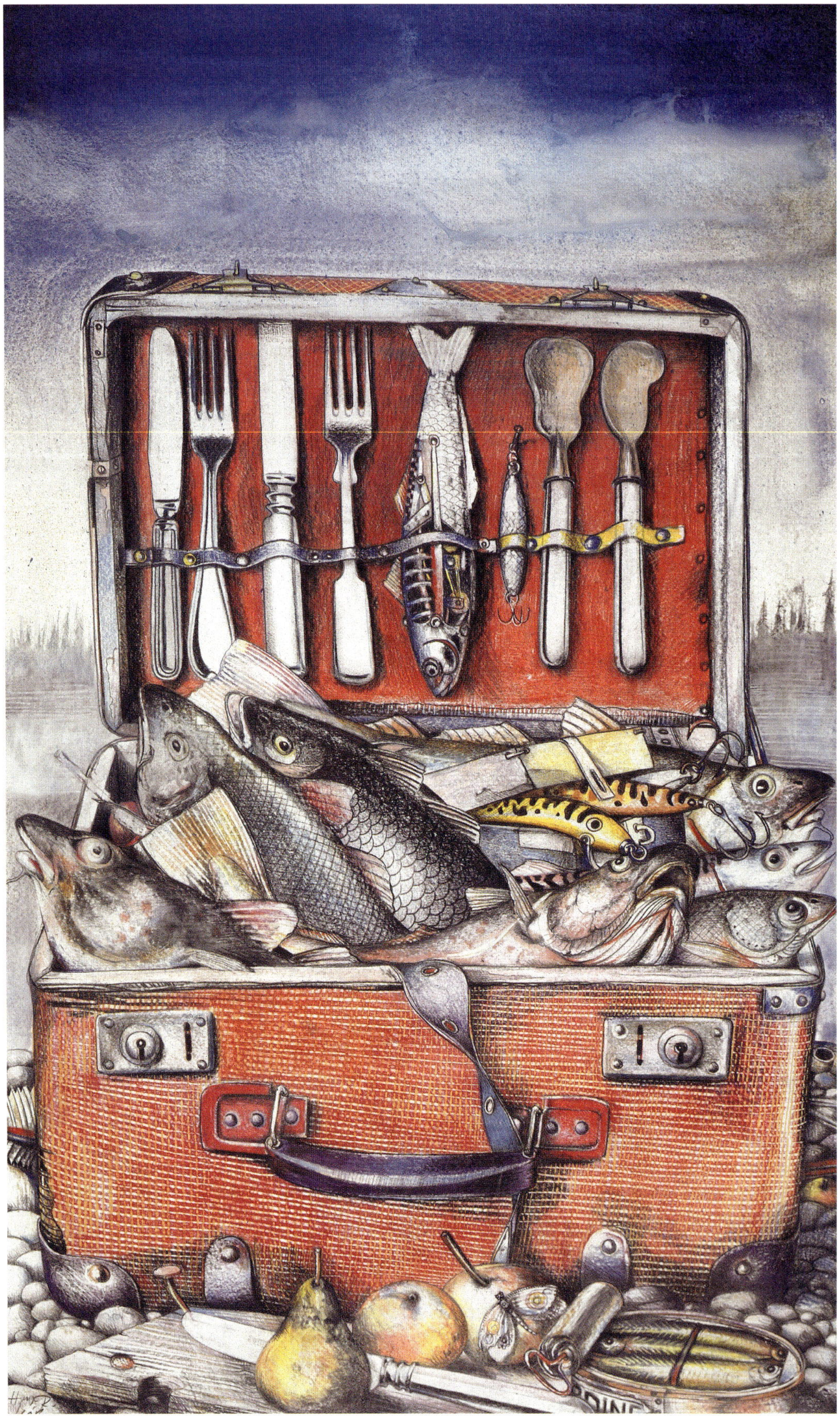

Røget tunsandwich med æble

4 personer

8 skiver sandwichbrød
12 skiver røget tun
1/2 dl creme fraiche 38 %
1/2 dl mayonnaise
4 hakkede hårdkogte æg
Carry
1 stk. revet æble
8 blade hovedsalat

Rist sandwichbrødet gyldent i toastmaskinen. Rør creme fraiche, mayonnaise, æg, carry og æble sammen, smag til med salt og peber. Belæg 4 skiver toastbrød med hvert et salatblad. Kom en skefuld æble/carrydressing på, derefter 3 skiver røget tun, så æble/carrydressing. Slut af med salatblad og toastbrød.

Geräuchertes Thunfisch-Sandwich mit Apfel

für 4 Personen

Zutaten

8 Scheiben Sandwichbrot
12 Scheiben geräucherter Thunfisch
1/2 dl Crème fraîche (38 %)
1/2 dl Mayonnaise
4 gekochte und gehackte Eier
Curry
1 geriebener Apfel
8 Blatt Kopfsalat

Zubereitung

1. Das Sandwichbrot im Toaster goldgelb toasten.
2. Crème fraîche, Mayonnaise, die gehackten Eier, Curry und Apfel zusammenrühren und mit Salz und Pfeffer abschmecken.
3. Auf 4 Scheiben Toastbrot zunächst ein Blatt Salat legen. Darauf ein Essl. Apfel/Currydressing, dann 3 Scheiben geräucherten Tunfisch, dann wieder das Dressing. Mit einem Salatblatt und einer Scheibe Toastbrot abschließen.

Vin – Wein

Soave „La Rocca", Pieropan, 2000, Veneto

Tuncarpaccio med tomatkompot

6 Personer

Tunen
200 g rå tun
1 dl olivenolie
Saft af 1/2 citron
100 g parmesanost i flager
Groft salt
Groftkværnet hvid peber

Tomatkompot
6 bøftomater
1 stk. finthakket hvidløg
1 bdt. basilikum
3 skalotteløg i tynde både
1 dl olivenolie
1 dl Noilly Prat

Balsamicovinaigrette
1/2 dl hvid balsamico
2 dl olivenolie
Salt og peber

Salat
Hovedsalat, egeløv, iceberg

Pak tunen stramt ind i film og frys den i ca. 5 timer i fryseren. Skær herefter tunen i tynde skiver (evt. på pålægsmaskinen). Læg dem direkte på tallerknen. Regn med ca. 4-5 skiver per person. Pensl citronsaft og olie ud på tunen, drys med salt og peber og kom parmesanflagerne omkring dem.

Tomatkompot
Fjern huden af tomaterne, del dem i 4 og fjern kernerne. Hak tomatkødet nu groft. Varm olivenolien op til det ryger, kom tomaterne i og steg dem i ca. 2 min. Kom derefter de to slags løg og basilikum i og steg det i 2 min. under omrøring. Tilsætt Noilly Prat, kog det til en god kompot. Smag til med salt og peber og lad kompotten afkøle.

Anretning
Læg tomatkompotten i midten af tallerknen. Mariner salaterne i balsamico-vinaigretten.
Anret oven på kompotten .Dertil groft brød eller grissini.

Thunfisch-Carpaccio mit Tomatenkompott

für 6 Personen

Zutaten

Thunfisch
300 g rohen Thunfisch
1 dl Olivenöl
Saft von einer 1/2 Zitrone
100 g Parmesankäse in Flocken
grobes Salz und grob gemahlener weißer Pfeffer

Tomatenkompott
6 große Fleischtomaten
1 Knoblauchzehe fein gehackt
1 Bund Basilikum
3 Schalottenzwiebeln in dünnen Booten
1 dl Olivenöl
1 dl Noilly-Prat

Balsamicovinaigrette
1/2 dl weißen Balsamico
2 dl Olivenöl
Salz und Pfeffer

Salat
Kopfsalat
Eichenblattsalat
Eisbergsalat

Zubereitung
1. Den Thunfisch stramm in Frischhaltefolie einpacken und 5 Stunden in den Gefrierschrank legen.
2. Kurz vor dem Servieren in sehr dünne Scheiben schneiden (evtl. auf der Schneidemaschine) und direkt auf die Teller legen. Man rechnet 4 – 5 Scheiben pro Person.
3. Zitronensaft und das Olivenöl auf die Thunfischscheiben pinseln. Dann mit gemahlenem Salz und Pfeffer aus der Mühle bestreuen.
4. Parmesanflocken außen herum streuen.

Tomatenkompott
1. Tomaten blanchieren, enthäuten und entkernen. In Viertel teilen und grob hacken.
2. Olivenöl in einer Pfanne erhitzen, bis es anfängt zu dampfen, jetzt die Tomaten hineingeben und ca. 2 min braten.
3. Alle Zwiebeln, Knoblauch und Basilikum hineingeben und wiederum 2 min braten. Dann Noilly-Prat dazugeben und kochen lassen, bis es einen guten Kompott ergibt. Mit Salz und Pfeffer abschmecken und abkühlen lassen.

Anrichten
Das Tomatenkompott in die Mitte des Tellers legen. Die Salate mit Balsamicovinaigrette marinieren und auf dem Kompott anrichten.
Grobes Brot oder Grissini dazu reichen.

Vin – Wein
Saumur Blanc, „Cuvée Ardill" Domaine des Guyons, 2000, Loire

ROBBE & BERKING
GERMANY

2002

Ristet tun med wasabi

4 personer

4 skiver tun á 150 g
1 dl olivenolie
1 tube wasabi (grøn puré af japansk peberrod)
200 g jasminris
1 potte timian
Skal af en reven citron

8 mellemstore, fuldmodne tomater
2 finthakkede skalotteløg
1 finthakket hvidløg
1 dl olivenolie

Varm olivenolien op og steg tunbøfferne i ca. 3 min. på hver side. Stryg dem let med 1/2 tsk wasabipuré, når de er færdigstegte. Kog jasminrisen i ca. 10-12 min., eller som beskrevet på pakken. Smag risen til med citronskal, timian, salt og peber. Halver tomaterne og læg dem i et ildfast fad. Bland skalotteløg, hvidløg og olivenolie. Hæld løgolien over tomaterne. Bag dem ved 170 grader i ovnen i ca. 15-20 min.

Anretning
Læg fisken på tallerkenen og tomaterne ved siden af.

Gerösteter Thunfisch mit Wasabi

für 4 Personen

Zutaten
4 Scheiben Thunfisch à150 g
1 dl Olivenöl
1 Tube Wasabi > ein grünes Püree aus japanischem Meerrettich
200 g Jasminreis
1 Topf Thymian
8 vollreife Tomaten, nicht zu groß
2 fein gehackte Schalottenzwiebeln
1 fein gehackte Knoblauchzehe
Schale einer geriebenen Zitrone

Zubereitung
1. Olivenöl in einer Pfanne erwärmen und die Thunfischsteaks ca. 3 min auf jeder Seite braten.
2. Wenn sie fertig sind, leicht mit einem 1/2 Teel. Wasabipüree bestreichen.
3. Den Reis 10 – 12 min kochen und mit Zitronenschale, Thymian, Salz und Pfeffer würzen.
4. Die Tomaten halbieren und in eine feuerfeste Form stellen.
5. Die Schalottenzwiebeln, Knoblauch und Olivenöl mischen und das Zwiebelöl über die Tomaten geben.
6. Tomaten ca. 15 – 20 min bei 170 ° backen.

Anrichten
Den Fisch auf die Teller geben, die Tomaten aus der Form stürzen und neben den Fisch legen.

Vin – Wein
Asso di Fiori, Cardonnay, Braida Langhe, 2000, Piermont

Kleine Hommage an
R&B

Saucer og fonder

Rødvinssauce

3 dl god rødvin
1 1/2 dl portvin
2 finthakkede skalotteløg
2 finthakkede champignoner

Kog alt ind til 1/2 dl og pisk op med ca. 150 g koldt smør.

Beurre Blanc

2 finthakkede skalotteløg
1 dl hvidvinseddike
1 dl vand
1 pk. koldt smør i tern

Kog væsken væk og pisk det kolde smør i.

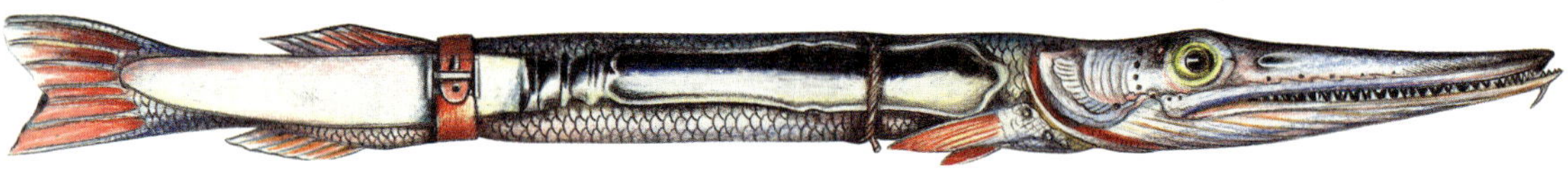

Hummerfond

1 kg skaller fra sort dansk hummer
1 stykke gulerod
1/10 selleri
4 løg i små tern
1 stykke persillerod
1/4 bdt. frisk timian
1 laurbær
3 enebær
3 spsk tomatpuré
1 dl cognac
3 dl hvidvin
2 l pighvarfond

Hak skallerne ud i små stykker og rist dem hårdt i olivenolie. Rist grøntsager og tomatpuré med, når de er godt gyldne.
Flamber 2 min. i cognac – kom hvidvin på sammen med krydderierne.
Hæld pighvarfonden på, kog det nu i ca. 30 min. og lad det herefter trække i 30 min.
Si det gennem etamine.

Rotweinsoße

Zutaten

3 dl guten Rotwein
1 1/2 dl Portwein
2 fein gehackte Schalottenzwiebeln
2 fein gehackte Champignons

Zubereitung

Alle Zutaten vermengen und kochen.
Dann langsam herunterkochen bis auf 1/2 dl.
Und danach mit ca. 150 g kalter Butter aufschlagen.

Beurre blanc

Zutaten

2 fein gehackte Schalottenzwiebeln
1 dl Weißweinessig
1 dl Wasser
1 Paket Butter in Würfeln (kalt)

Zubereitung

Alles in einen Topf geben, aufkochen, die Flüssigkeit ganz wegkochen und die kalte Butter hineinschlagen.

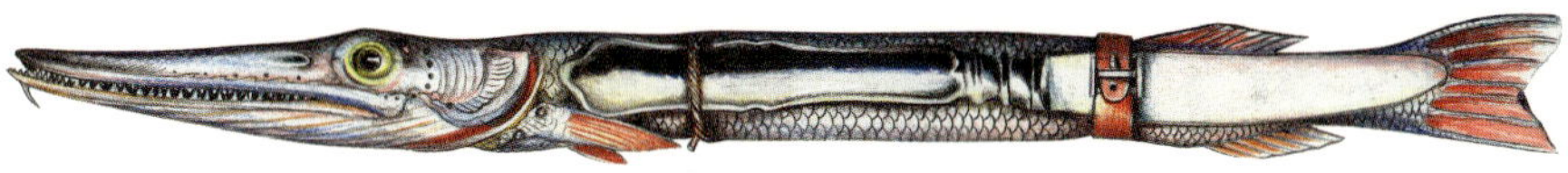

Hummerfond

Zutaten

1 kg Schale von schwarzen dänischen Hummern
1 Möhre
1/10 Sellerie
4 Zwiebeln
1 Petersilienwurzel
1/4 Bund frischen Thymian
1 Lorbeerblatt
3 Wacholderbeeren
3 Essl. Tomatenpüree
1 dl Cognac
3 dl Sauterne (Weißwein)
2 l Steinbuttfond

Zubereitung

1. Das Gemüse und die Zwiebeln in kleine Stücke würfeln.
2. Die Hummerschalen hacken und in heißem Olivenöl hart rösten.
3. Wenn sie goldgelb sind, werden das Gemüse und das Tomatenpüree mitgeröstet.
4. Nach 2 min in Cognac flambieren und den Weißwein zusammen mit den Kräutern hineingeben.
5. Den Steinbuttfond hinzufügen und ca. 30 min kochen, danach 30 min ziehen lassen und durch Etamine seien.

Brun Pighvarfond

2 stk. pighvarskrog
1 stk. gulerod i små tern
2 stk. skalotteløg i små tern
1 lille stk. selleri i små tern
Lidt frisk timian
1/4 fl. rødvin
2 spsk tomatpuré
2 l pighvarfond eller evt. vand
10 peberkorn
30 koriander

Smør pighvarskrogene med olivenolie og brun dem i ovnen ved 200 grader, til de er flot gyldenbrune.
Rist grøntsagerne og tomatpuré i hed olivenolie, til det tager let farve. Hæld rødvin på og reducer den væk.
Hæld skrogene, peberkorn, koriander og pighvarfond på og kog fonden op. Lad det småsimre i 20 min. og lad det herefter hvile i ca. 40 min. Si det gennem etamine.

Brauner Steinbuttfond

Zutaten

Gräten von 2 Steinbutten
1 Möhre (klein geschnitten)
2 Schalottenzwiebeln (klein geschnitten)
1 kleine Sellerie (klein geschnitten)
etwas frischer Thymian
1/4 l Rotwein
2 Essl. Tomatenpüree
2 l Steinbuttfond oder evtl. Wasser
10 Pfefferkörner
30 Koriander

Zubereitung

1. Die Steinbuttgräten mit Olivenöl bepinseln und im Backofen bei 200° bräunen, bis sie richtig schön goldbraun sind.
2. Das Gemüse und das Tomatenpüree in Olivenöl braten, bis sie leichte Farbe annehmen.
3. Dann Rotwein dazugießen und kochen lassen, bis er wieder verschwunden ist.
4. Die gebräunten Gräten, die Pfefferkörner, Koriander und den Steinbuttfond hineingeben und den Fond aufkochen. 20 min köcheln lassen. Danach 40 min ruhen lassen und durch Etamine seien.

Pighvarfond

2 stk. pighvarskrog
1 stk. porre
2 stk. skalotteløg
1 stk. gulerod
1 stk. lille persillerod
1/10 selleri
1/2 flaske hvidvin
2 l vand
10 peberkorn
20 koriander

Skær grøntsagerne i små tern. Sæt alt over i koldt vand og kog det op.Lad det simre i 20 min. Lad fonden trække herefter i 40 min. Si det gennem etamine.

Steinbuttfond

Zutaten

Gräten von 2 Steinbutten
1 Porree
2 Schalottenzwiebeln
1 Möhre
1 Petersilienwurzel (klein)
1/10 Sellerie
1/2 Flasche Weißwein
2 l Wasser
10 Pfefferkörner
20 Koriander

Zubereiten

1. Das Gemüse und die Zwiebeln klein würfeln.
2. Alles in kaltem Wasser aufsetzen, aufkochen und 20 min köcheln lassen.
3. 40 min ziehen lassen und durch Etamine seien.

Demi Glace

15 kg kraftben
15 kg gulerødder
10 kg løg
2 selleri
6 porre
Timian
200 g tomatpuré
Persille

Brun benene af i bageovnen og kog dem så med 25 l vand i 3 timer. Tilsæt grøntsagerne og lad det hele koge i 12 timer. Si det og kog det derefter til konsistens.
Skær det ud i tern efter afkøling, pak det i folie og sæt det i fryseren.

Demi Glace

Zutaten

15 kg Kraftknochen
15 kg Möhren
10 kg Zwiebeln
2 Sellerieknollen
6 Porreestangen
Thymian
200g Tomatenpüree
Petersilie

Zubereitung

1. Die Knochen im Ofen backen, bis sie leicht gebräunt sind.
2. Die Knochen in 25 l Wasser geben und 3 Stunde kochen lassen.
3. Das Gemüse zerkleinern, zusammen mit dem Tomatenmark und den Kräutern zu den Knochen in den Topf geben und 10 Stunden kochen. Dann durch ein feines Sieb seien und nochmals so lange kochen, bis eine sämige Konsistenz entsteht.
4. Nach dem Abkühlen in kleine Würfel schneiden, in Folie wickeln und einfrieren.

Fiskesoufflèfars

300 g ren torskefilet
1 tsk salt
1 æggehvide
3 - 3 1/2 dl piskefløde

Blend de kolde ingredienser i robotblender på følgende manér: Blend torskefileten sejt med salt i ca. 1 min., tilsæt så eggehviden, blend fløde i lidt efter lidt, indtil man får en crémesoufflèfars.

Fischsoufflèhack

Zutaten

300 g reines Dorschfilet
1 Teel. Salz
1 Eiweiß
3 - 3 1/2 dl Schlagsahne

Zubereiten

Alle Zutaten müssen kalt sein und im Standmixer folgendermaßen gemixt werden:
Das Dorschfilet mit dem Salz ca. 1 min zäh vermischen und zerkleinern.
Das Eiweiß nun hinzufügen. Dann nach und nach die Sahne hineingeben bis ein cremiges Soufflèhack entsteht.

Et lille køkkenleksikon

at blanchere
at give, f.eks. grønsager, et let opkog

bacon
røget flæsk

bisque
krebsesuppe

brandade
klipfiskeret fra Provence

cannelloni
ruller lavet af nudeldej

confit
tilsmeltet kød

crepinetter
pølseformet mad

dijonsennep
groft fransk sennep

etamine
sigtedug

fumet
mad med duft af vin

afklaret smør
afskummet smeltet smør

at marinere
at lægge noget i marinade

Noilly-Prat
en bestemt slags whisky

ratatouille
en ret fremstillet af grønsager, f.eks. aubergin, tomat, paprika

at sautere
at stege i smør eller olie

tournedo
tyk skive oksemørbrad tilberedt som bøf

timbale
postej

vinaigrette
marinade af eddike, olie, sennep og forskellige krydderier

xéresvineddike
eddike lavet af spanske druer fra Xeres

Kleines Küchenlexikon

blanchieren
abbrühen, mit heißem (oder kochendem) Wasser übergießen

Bacon
durchwachsener, leicht gesalzener und angeräucherter Speck

Bisque
Krebssuppe, Kraftsuppe

Brandade
Provenzalisches Stockfischgericht

Cannelloni
Nudelteigröllchen

Confit
eingemacht / auch kandiert

Crepinetten
in Wurstform gepresste Speise

Croûtons
kleine Würfel aus Brot (Zwieback)

Dijonsenf
französischer Senf

Etamine
ganz feiner Baumwollstoff (ersatzweise ein Geschirrtuch benutzen)

Fumet
Duft – Geruch – Hauch

geklärte Butter
vom Schaum befreite, flüssige Butter

marinieren
etwas eine Zeit lang in eine Marinade einlegen

Noilly-Prat
Whisky

Ratatouille
grobes Ragout von Gemüse

sautieren
kurz in der Pfanne braten; kurz in frischem, heißem Fett schwenken

Tournedos
wie ein Stück Steak zubereitet

Timbale
Pastetenart

Vinaigrette
aus Essig, Öl, Senf und verschiedenen Gewürzen bereitete Soße

Xeres-Weinessig
aus Xeres kommender Wein

Christian Bind

Madlavning har været min helt store interesse så langt jeg husker tilbage. Allerede som ganske lille nød jeg at sidde og „kigge på", når min mor håndterede med potter og pander i køkkenet hjemme i Frankrig. Hver dag spiste vi altid 2-3 retter mad til frokost og 2-3 retter mad til aften. Efterhånden, som jeg voksede op, fik jeg lov til at hjælpe med middagen. Dengang - som nu _ dyrkede vi næsten alting selv. Min far tog sig af vores store vinmarker, samt fremstilling af vinen. Vi avlede selv alle vores urter, grøntsager, fjerkræ, kaniner og duer. Desuden havde vi også en lille røgeovn. Alt dette indebar, at jeg altid foretog mig noget, der havde med mad at gøre. Den store interesse for mad resulterede i, at jeg besluttede mig for en uddannelse som kok. Jeg kom i lære hos brødrene Haeberlin i Alsace. Efter 4 års læretid tog jeg 1 år til „Charles Barrier" i Tours (i nærheden af Paris), hvorefter jeg aftjente min værnepligt som privat kok hos en general. Så fik jeg lyst til at rejse. Mit første stop hed Danmark. Stedet hed „Falsled Kro" på Fyn. Efter 1 år ville jeg egentlig videre, men så lærte jeg min kone Pia at kende, som var receptionist, og det resulterede i yderligere 12 år på „Falsled Kro". I denne periode rejste jeg tit til Frankrig og arbejdede bl.a. hos brødrene Troigros i Roanne, Alain Chapel i Minoay samt Jöel Robuchon i Paris. I 1989 startede jeg restauranten „Chez Paul" i Flensborg, hvor jeg i løbet af 1 år opnåede 1 stjerne i den berømte „Michelin Guide", og det var naturligvis med en vis stolthed, at jeg kom til „Fakkelgaarden" med en stjerne i bagagen. Nu glæder det mig utroligt, at forkæle vores gæster på „Fakkelgaarden".Jeg har selvfølgelig medbragt en masse af Frankrigs stolte madtraditioner og kombinerer dem bl.a. med nye ideer og gode danske råvarer.

Soweit ich zurückdenken kann, ist Kochen immer mein ganz großes Hobby gewesen.
Schon als kleines Kind genoß ich es, meiner Mutter zu Hause beim Hantieren mit Kochtöpfen in unserer Küche in Frankreich zuzuschauen. Jeden Tag bekamen wir immer zwei bis drei Gänge zum Mittagessen, ebenso zwei bis drei Gänge zum Abendessen. Als ich dann langsam größer wurde, durfte ich beim Zubereiten des Essens helfen. Damals – wie auch jetzt – bauten wir fast alles selber an. Mein Vater bewirtschaftete unsere großen Weinfelder und stellte auch selber den Wein her. Wir züchteten unsere eigenen Kräuter, Gemüse, Geflügel, Kaninchen und Tauben. Außerdem hatten wir noch einen kleinen Räucherofen. Aus all diesen Gründen hatten meine Tätigkeiten immer etwas mit Essen zu tun. Mein großes Interesse am Kochen bewirkte, dass ich mich zu einer Ausbildung zum Koch entschied. Ich kam in die Lehre bei den Brüdern Haeberlin im Elsaß. Nach vier Jahren Lehrzeit ging ich ein Jahr zu „Charles Barrier" in Tours (in der Nähe von Paris). Danach absolvierte ich meinen Wehrdienst als privater Koch bei einem General. Sodann packte mich die Reiselust. Mein erstes Ziel hieß „Falsled Kro" auf Fünen in Dänemark. Nach einem Jahr wollte ich eigentlich weiterziehen, doch dann lernte ich meine Frau Pia kennen, die Rezeptionistin im „Falsled Kro" war. Das Resultat war, daß wir weitere 12 Jahre dort blieben. In dieser Periode reiste ich oft nach Frankreich und arbeitete u.a. bei den Brüdern Troigros i Roanne, bei Alain Chapel in Minoay und bei Jöel Robuchon in Paris. Im Jahre 1989 eröffnete ich das Restaurant „Chez Paul" in Flensburg. Bereits im ersten Jahr bekam ich einen der berühmten Sterne im „Michelin Guide". Nicht ganz ohne Stolz konnte ich diesen Stern dem Restaurant „Fakkelgaarden" beisteuern. Jetzt freut es mich sehr, unsere Gäste im „Fakkelgaarden" verwöhnen zu können. Ich habe natürlich viele Traditionen aus der französischen Küche mitgebracht, die ich mit neuen Ideen und guten dänischen Zutaten kombiniere.

Hans-Ruprecht Leiß

Hans-Ruprecht Leiß har tilbragt hele sit liv med fødderne i saltvandet og en tegnestift bagved øret. Den første halvdel ved vesterhavet, hvor ebbe og flod præger dagligdagen, den anden halvdel i Flensborg, ved østersøens kyst. I 1954 lod en venlig skæbne ham komme til verden i den fortryllende og slet ikke så grå, lille nordfrisiske havneby, Husum. Der tilbragte han en temmelig ubesværet barndom mellem rejer, fladfisk, sild og Husumere. Nogle prægende år oplevede han, da han gik på det ærværdige, ældgamle Hermann-Tast-Gymnasium. Denne „Sturm-und-Drang-Zeit“ endte i 1975 med studentereksamen.
Kunstneren, som i den grad længtes efter havvandet, besluttede at blive sit element tro og flyttede i 1977 til Flensburg, for at læse på seminarium til realskolelærer i billedkunst. I 1981 og 1985 tog han de to afgørende eksaminer, men lærerkaldet endte med at blive en mellemstation. Lysten til at tegne og male havde en stærkere tiltrækningskraft. Derfor tog han i det samme år afsked med lærerembedet og en sikker eksistens, for at blive free-lance kunstner. Indtil i dag er han forblevet søvandet tro og lever sammen med sin familie i den dejlige, gamle havneby Flensborg ved den smukke Flensborg Fjord.

Hans-Ruprecht Leiß hat sein ganzes Leben mit beiden Füßen im Salzwasser verbracht, mit einem Zeichenstift hinter dem Ohr. So ungefähr die erste Hälfte im Ebbe- und Flutbereich der Nordsee, die bislang zweite an der Ostseeküste in Flensburg. 1954 ließ ihn ein freundliches Schicksal in der zauberhaften, gar nicht so grauen, kleinen nordfriesischen Hafenstadt Husum zur Welt kommen. Dort verlebte er eine ziemlich unbeschwerte Kindheit zwischen Krabben, Plattfischen, Heringen und Husumern. Einige für sein weiteres Dasein mitentscheidende Jahre verbrachte er mit dem Besuch des ehrwürdigen, uralten Hermann-Tast-Gymnasiums. Diese Sturm-und-Drang-Zeit endete 1975 mit dem Abitur. Der meerwassersüchtige Zeichner beschloss, seinem Element treu zu bleiben und zog 1977 nach Flensburg, um dort an der Pädagogischen Hochschule das Lehramt für die Kunsterziehung an Realschulen zu erlernen.
In den Jahren 1981 und 1985 bestand er die erforderlichen Examina, doch der Lehrerberuf konnte nur Zwischenstation sein. Die Lust zu zeichnen und zu malen war die weitaus stärkere Energie. Also verabschiedete er sich im selben Jahr von Lehramt und gesicherter Existenz, um freischaffender Künstler zu werden. Dem Seewasser ist er bis heute treu geblieben und lebt mit seiner Familie in der schönen alten Hafenstadt Flensburg an der nach ihr benannten Förde.

2 0 0 1

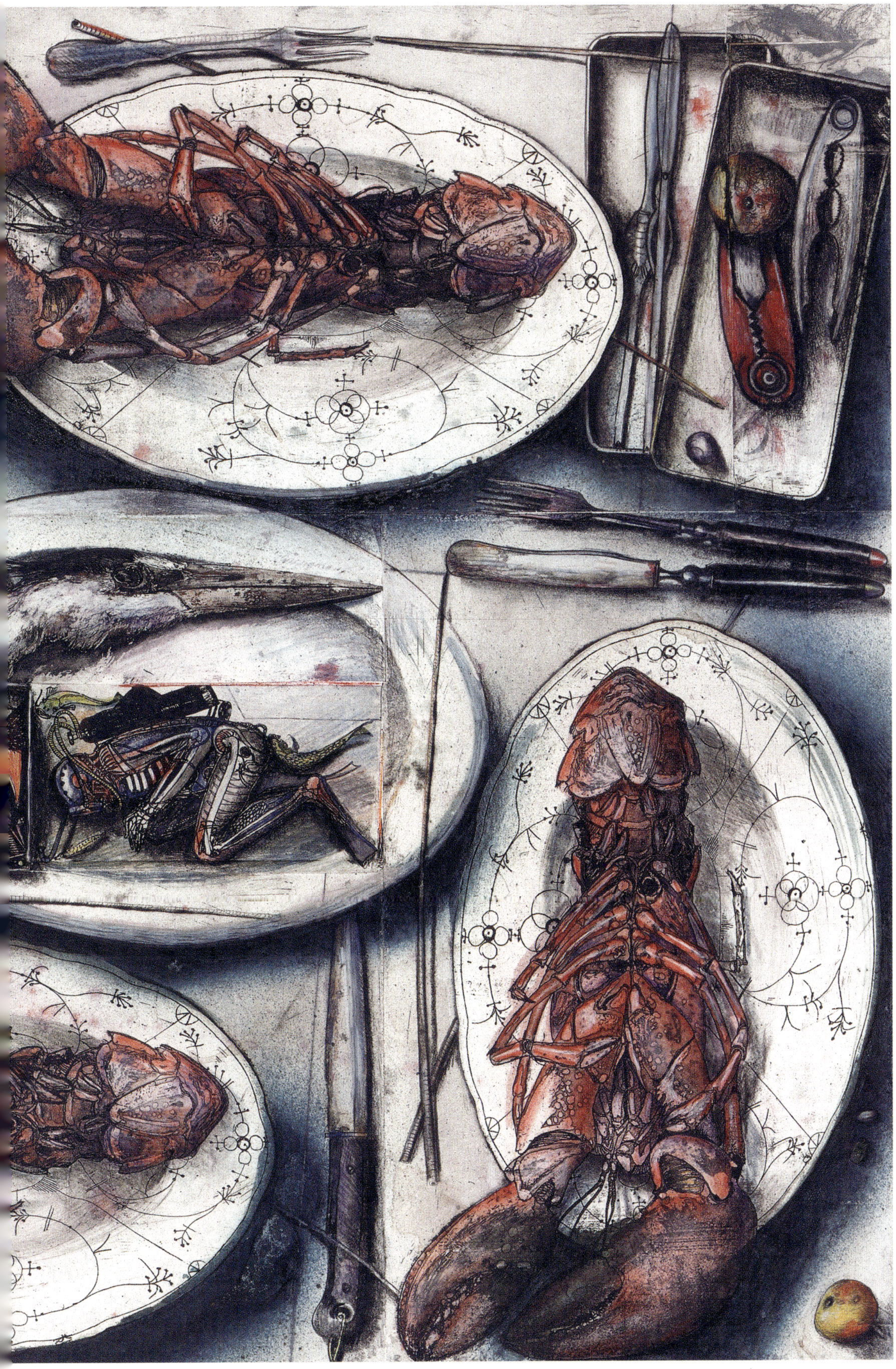

Om det at fiske

Jeg kan ikke stå ved en bred, ikke tage på tur i en båd, ikke stå på en bro, uden at stirre, det er som om man bliver holdt magisk fast i spejlet, om det er spejlblankt eller oprørt, man er på jagt efter dem.
øjet søger mellem små bølger, i hvirvler og små vandfald, i de mørke dybder og sandbankens kulørte lys, søges dem, mine skællede venner og ofre.Som lille dreng, i nattens tåge ved et gammelt sluseanlæg, eller i dag, en lille smule mere voksen, i søens klare morgenlys eller hvor floden snor sig.Her prøver jeg at træffe dobbelttydige aftaler med dem. Jeg udruster mig med tekniske finesser og de er på vagt med tusinde af års erfaringer med mennesker.Hvilken lyst, at jage dem, i al slags vejr, til enhver tid på dagen og året. De er blevet mig uundværlige, de små og store sølvfarvede fisk og høje herskaber i deres brogede skælkjoler. Og så fiskemåltiderne: Med glødende ansigt og tilberedt frisk fanget fisk i kedel og pande. Stadig med fornemmelsen af jagten i hovedet, i hånden og mellem ribbenene. Vennernes jægerlatin i øret og de egne historier på læben. Det ville vare mange år og ville aldrig blive tegnet færdig, ikke engang, hvis man havde hele verdens farveblyanter til rådighed.

Über das Fischen

Ich kann an keinem Ufer stehen, keine Bootsfahrt unternehmen, auf keiner Brücke stehen, ohne wie gebannt in den Spiegel, ob glatt, ob rau, zu starren, auf der Suche nach ihnen. Das Auge forscht zwischen kleinen Wellen und in den Strudeln und Kaskaden, in den dunklen Tiefen und den farbigen Lichtern der Sandbänke nach ihnen, meinen geschuppten Freunden und Opfern. Als kleiner Junge im nächtlichen Nebel einer Schleusenanlage oder heute, etwas erwachsener, im hellen Morgenlicht eines Sees oder einer glitzernden Flussbiegung, versuche ich, zweischneidige Verabredungen mit ihnen zu treffen. Ich rüste mich mit technischen Finessen und sie sind schon gewappnet durch Jahrtausende an Erfahrung mit den Menschen. Was für eine Lust ist es, sie zu jagen, bei jedem Wetter, zu jeder Tages- und Jahreszeit. Sie sind mir so ans Herz gewachsen, die kleinen und großen Silberlinge und hohen Herrschaften in ihren bunten Schuppenkleidern. Und dann die Fischmahlzeiten: Mit heißem Gesicht fangfrisch in Kessel und Pfanne zubereitet. Die Jagd noch im Kopf und in der Hand und hinter den Rippen. Die lateinischen Geschichten der Freunde im Ohr und die eigenen auf den Lippen. Das braucht Jahr um Jahr und kann doch nie zu Ende gezeichnet werden. Auch nicht mit allen Buntstiften der Welt.

Hans-Ruprecht Leiß

Eigene Rezepte und geschmackliche Inspirationen

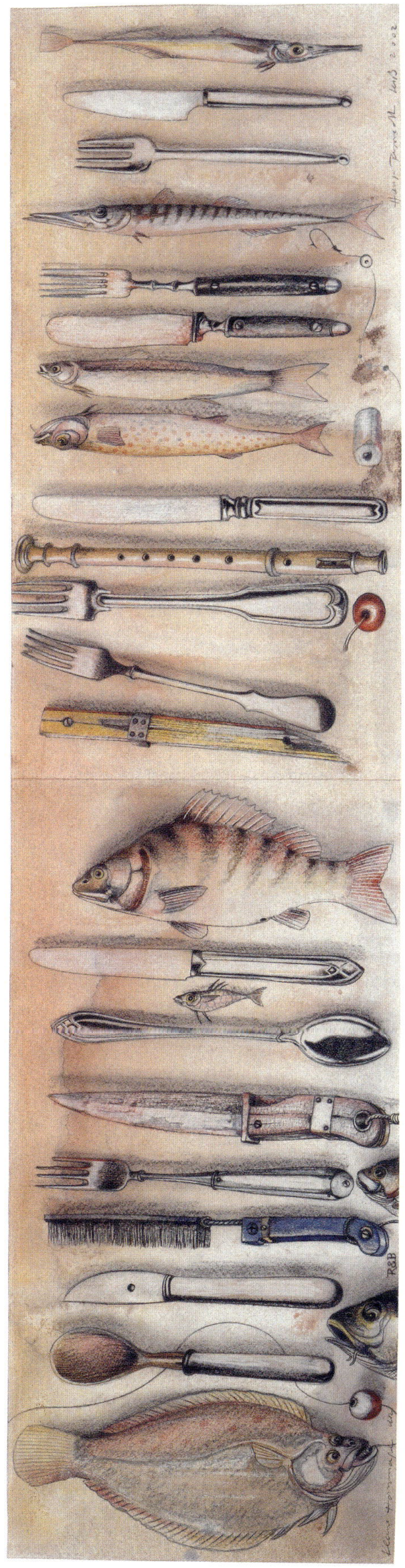

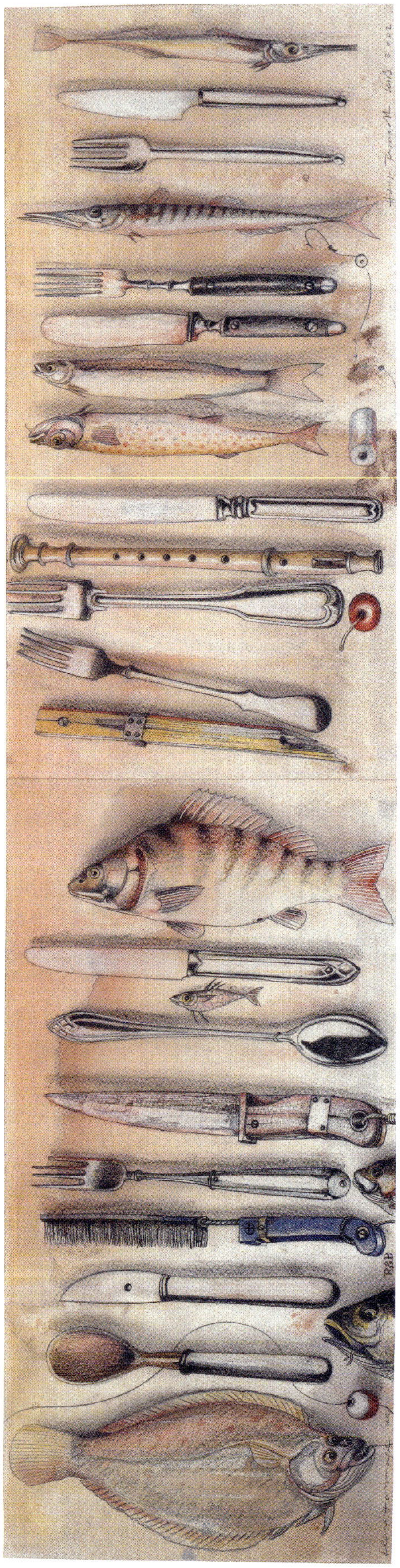

Eigene Rezepte und geschmackliche Inspirationen

Eigene Rezepte und geschmackliche Inspirationen

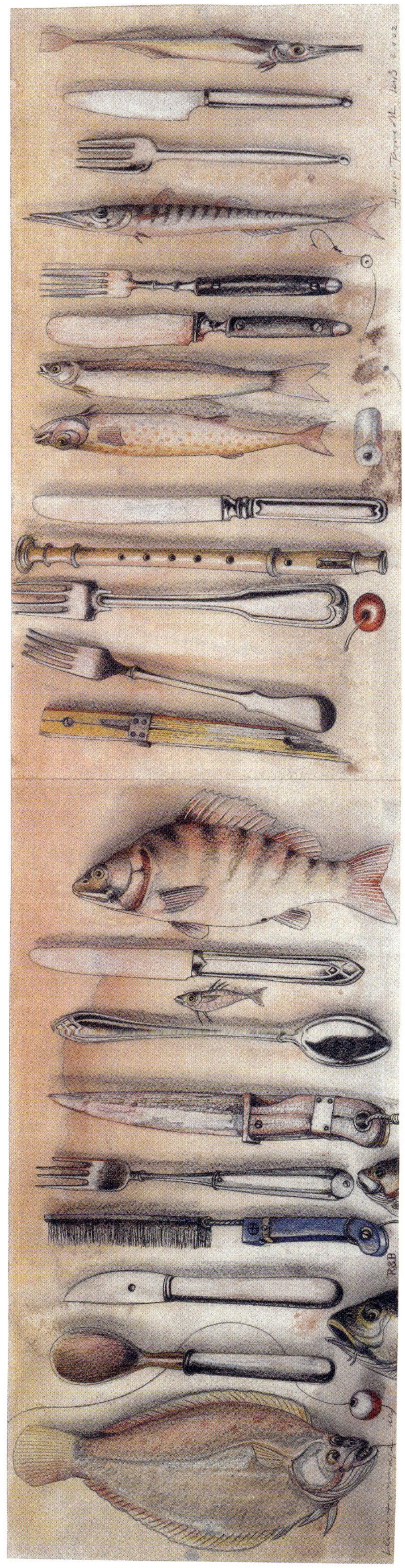

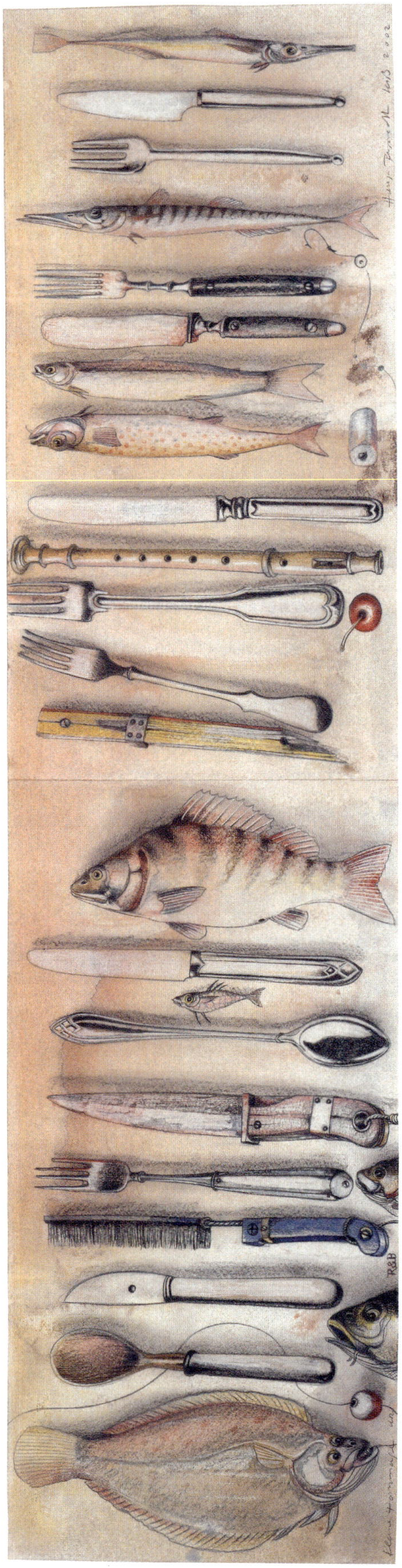

Eigene Rezepte und geschmackliche Inspirationen

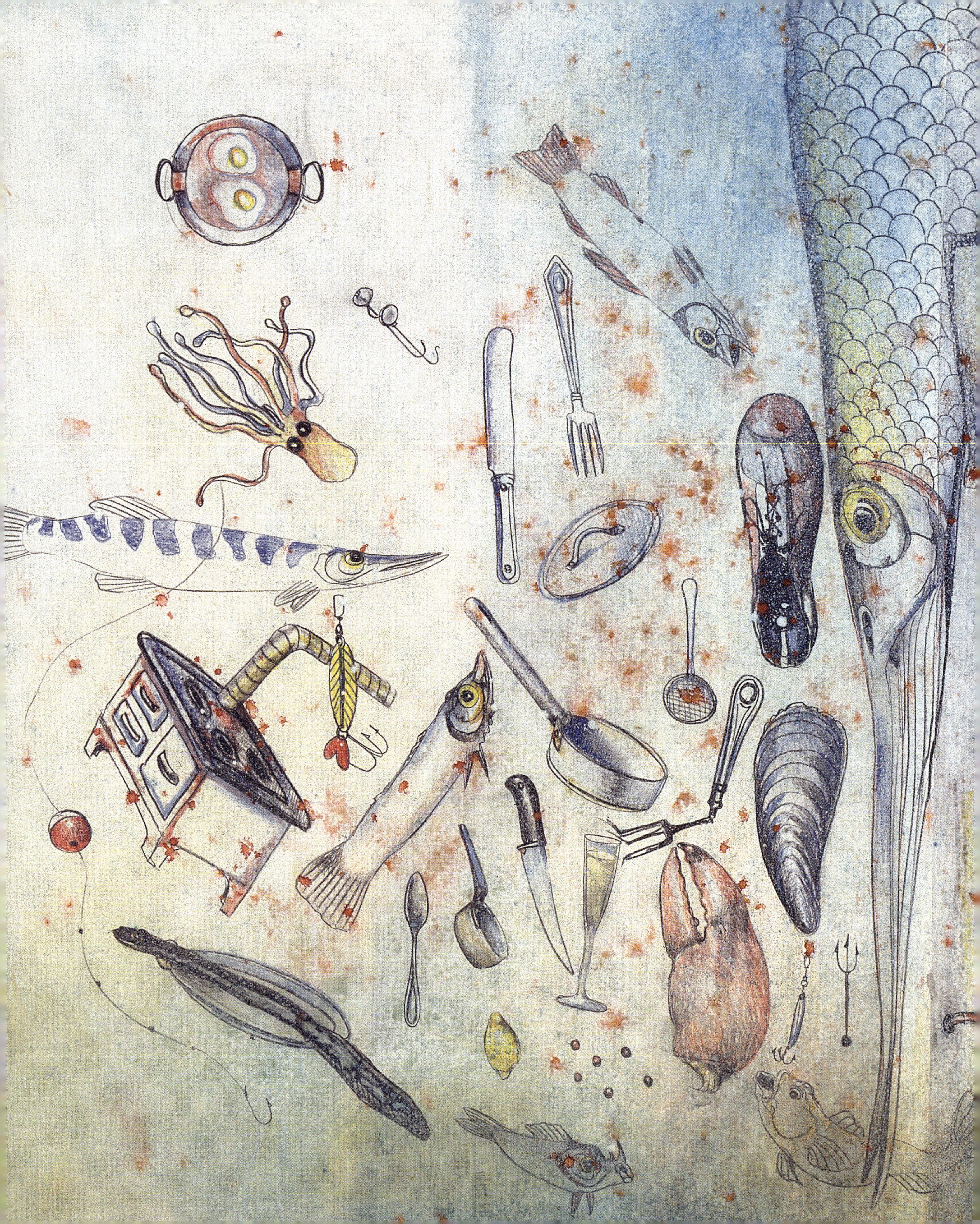